日本四季賞花指南

四季の花々を訪ねていきたい にっぽんの花地図

Japanese flower map

攝影愛好者精選的
224個花卉絶景祕境

前言

本書集結了上百名各具特色的攝影愛好者所拍攝的花卉風景224處，希望各位出遊時可以參考本書，翻閱時能體會到實際走訪的感覺。

日本有四季，而本書將四季再細分成六個花季。就像春天分成櫻花盛開的春天和玫瑰盛開的春天，夏天也分成紫陽花盛開的夏天和向日葵盛開的夏天，隨著盛開的花不同，風景的色彩和季節感也會不一樣。為了呈現出每個季節的花卉魅力而將之進一步細分後，就成了這本hanamap式春夏秋冬花地圖。

為了讓大家一整年都能賞到花，書末也收錄了不分季節和花卉種類的名勝景點，以及按照花期順序以行事曆方式統整而成的花曆。

賞花會讓人更敏銳地感受到四季更迭。每年都如接力般一波接著一波綻放的花，不僅讓我們得到療癒，有時也讓我們沉浸於超脫日常的氣氛。大家的旅遊回憶裡想必也有花相伴吧。

要不要拿著這本《日本四季賞花指南》，更深刻地感受一下日本的春夏秋冬呢？

花地圖（hanamap）

閱讀本書的方法

花的名字下面寫著「花語」。各景點的面積、花卉總數等資訊，都是依據各設施、景點的標示。交通方式則是標示較具代表性的公共交通機關。

※本書刊載之照片攝於2022年以前，刊載之資訊為2023年3月的資訊。實際造訪時請至官方網站等處確認最新資訊。

幸手權現堂櫻堤→ P37

目次

Index

前言 Introduction → P.02

淡春 P.06
鮮春 P.10
涼夏 P.14
陽夏 P.18
情秋 P.22
香冬 P.26

淡春 Pastel Spring
花地圖 → P.30

- 櫻花 P.32
- 油菜花 P.38
- 花桃 P.42
- 藤花 P.44
- 粉蝶花 P.48

鮮春 Vivid Spring
花地圖 → P.50

- 鬱金香 P.52
- 芝櫻 P.56
- 杜鵑花 P.58
- 芍藥 P.61
- 牡丹 P.61
- 玫瑰 P.62
- 罌粟花 P.66
- 九輪草 P.68
- 魯冰花 P.69

涼夏 Cool Summer
花地圖 → P.70

- 紫陽花 P.72
- 花菖蒲 P.78
- 蓮花 P.82
- 睡蓮 P.83
- 薰衣草 P.84

陽夏 Sunny Summer
花地圖 → P.86

- 向日葵 P.88
- 百合 P.94
- 百日紅 P.98
- 福祿考 P.98
- 馬齒莧 P.98
- 碧冬茄 P.99
- 一串紅 P.100
- 百日草 P.101
- 北萱草 P.101

情秋 Emotional Autumn

花地圖 → P.102

- 彼岸花 P.104
- 蕎麥花 P.108
- 黃波斯菊 P.110
- 大波斯菊 P.112
- 大理花 P.116
- 掃帚草 P.118
- 四季櫻／十月櫻 P.119

香冬 Fragrant Winter

花地圖 → P.120

- 水仙 P.122
- 蠟梅 P.125
- 山茶花 P.127
- 梅花 P.128
- 河津櫻 P.134
- 寒櫻 P.136
- 山櫻花 P.136

群芳爭艷的名勝導覽

→ P.137

- 國營公園的花田 P.138
- 夏天的美瑛／富良野 P.150
- 當地花卉公園 P.158

花曆INDEX

→ P.170

Staffs 日文原書相關人員

美術總監	高橋 快（Trigonia Design）
本文設計	鈴木久美子
照片提供	各頁記載的攝影者、PIXTA、各設施
校對	麥秋藝術中心
DTP	新野亨
企畫／構成／撰文	後藤有紀（花地圖）
企畫協助	森久保美樹（NPO法人 企畫的雞蛋商）
責任編輯	若松友紀子（KADOKAWA）

淡 春
Pastel Spring

原谷苑 → P34

春暖花開的季節是
淺色調。

河内藤園 → P46

鮮 春

Vivid Spring

滋賀農業公園　BLUMEN之丘 P54

與新綠相輝映的
鮮豔色彩。

京成玫瑰園　P65

涼
Cool Summer
夏

北川村「莫內庭園」馬摩丹　P83

陽 夏

Sunny Summer

名寄市向日葵花田 → P91

讓人忘卻酷暑的
亮眼群花。

情 秋

Emotional Autumn

矢勝川 → P107

充滿情調的
秋季景色。

自然干陸地大波斯菊花海 → P115

香冬

Fragrant Winter

鈴鹿之森庭園 → P132

越前水仙 梨子平台地 → P122

跟著花地圖走訪

日本全國六大花季

The six flower seasons of Japan

1	淡春	P.30
2	鮮春	P.50
3	涼夏	P.70
4	陽夏	P.86
5	情秋	P.102
6	香冬	P.120

淡春

Pastel Spring

1 奈良／高見之郷 P.032
2 福島／日中線記念自行車步行者道 枝垂櫻林蔭大道 P.033
3 京都／原谷苑 P.034
4 長野／千曲川堤防櫻堤 P.034
5 北海道／優駿櫻花之路 P.035
6 福島／花見山公園 P.035
7 富山／春之四重奏 P.036
8 群馬／岩井親水公園 P.036
9 秋田／櫻花與油菜花之路 P.037
10 埼玉／幸手權現堂櫻堤 P.037
11 宮崎／西都原古墳群 P.037
12 新潟／福島潟湖 P.038

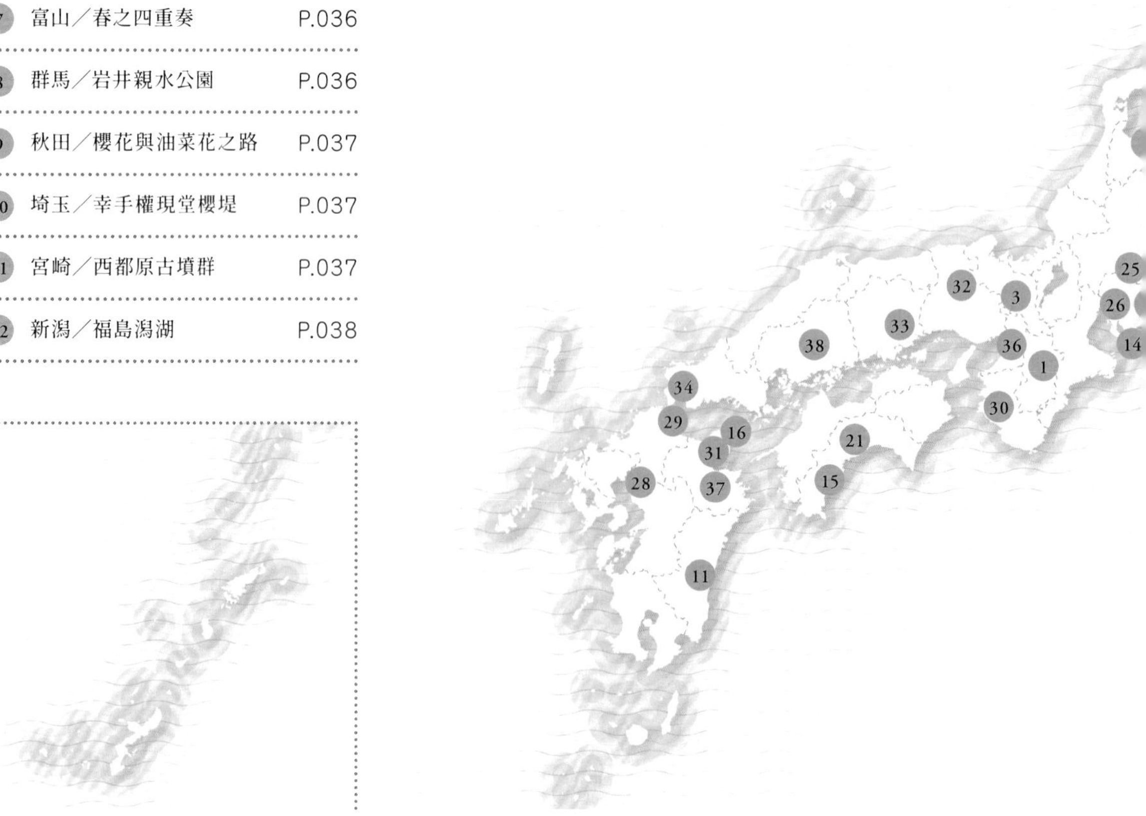

13 長野／油菜花公園 P.039

14 愛知／伊良湖油菜花園 P.039

15 高知／入田柳林 P.039

16 大分／花與藝術海岬　長崎鼻 P.039

17 新潟／山本山澤山小公園 P.040

18 福島／三之倉高原花田 P.040

19 北海道／瀧川油菜花祭 P.041

20 青森／橫濱町油菜花田 P.041

21 高知／上久喜花桃 P.042

22 長野／花桃之里 P.042

23 埼玉／大內澤花桃之鄉 P.043

24 愛知／上中的垂枝桃 P.043

25 岐阜／木根垂枝桃園 P.043

26 愛知／天王川公園 P.044

27 栃木／足利花卉公園 P.045

28 福岡／中山大藤 P.046

29 福岡／河內藤園 P.046

30 和歌山／紀州吉田藤 P.047

31 大分／千財農園 P.047

32 兵庫／白井大町藤公園 P.047

33 岡山／和氣町藤公園 P.047

34 山口／火之山公園 P.048

35 静岡／濱名湖花園公園 P.049

36 大阪／大阪舞洲海濱公園 P.049

37 大分／RURU公園（大分農業文化公園） P.049

38 廣島／Flower village花夢之里 P.049

櫻花

Cherry Blossoms

精神之美、出色的美人

奈良

高見之鄉

たかみのさと

奈良縣吉野郡東吉野村杉谷298-1 ● 總數／1,000棵 ● 往年花期／4月中旬 ● 停車場／有 ● 交通方式／從近鐵榛原站搭乘期間限定巴士 ● MAP／1

這個擁有1,000棵枝垂櫻的名勝景點，是為了有效活用過去經營林業的山區而被打造出來的。漫步在染成一片粉紅的山路上，視野範圍內360度滿滿都是櫻花。有巴士接送遊客往返山上，對體力沒自信的遊客也能放心上山。

photo by @ riemi4760

福島

日中線記念
自行車步行者道
枝垂櫻林蔭大道

日中線記念
自転車歩行者道
しだれ桜並木

福島縣喜多方市押切東2丁目及其他 ● 全長／3km ● 總數／1,000棵 ● 往年花期／4月中旬～4月下旬 ● 停車場／有 ● 交通方式／從JR喜多方站步行約5分鐘 ● MAP／2

以國鐵「日中線」遺址喜多方站為起點整備而成的公園裡，有著1,000棵枝垂櫻綿延3km的林蔭大道。往前至舊國鐵熱鹽站的8.5km區間，正在進行種植3,000棵櫻花樹的計畫，目標是成為世界第一的枝垂櫻林蔭大道。現場有些還沒長高的小樹，未來發展值得期待。

photo by @ riemi4760

京都

原谷苑
はらだにえん

京都府京都市北區大北山原谷乾町36 ● 往年花期／3月下旬～4月中旬 ● 停車場／無 ● 交通方式／從京都市營地下鐵北大路站或JR圓町站搭計程車約10分鐘 ● MAP／3

長野

千曲川堤防櫻堤
ちくまがわていぼうさくらづつみ

長野縣上高井郡小布施町山王島 ● 全長／4km ● 總數／約600棵 ● 往年花期／4月下旬～5月上旬 ● 停車場／有 ● 交通方式／從長野電鐵小布施站步行約25分鐘 ● MAP／4

photo by @ yoceantoi

photo by @ yamacchandesu

北海道

優駿櫻花之路

優駿さくらロード

北海道浦河郡浦河町字西舍141-11 ● 全長／約3km ● 總數／1,000棵以上 ● 往年花期／5月上旬 ● 停車場／有 ● 交通方式／搭乘道南巴士於浦河總站下車，轉搭計程車約10分鐘 ● MAP／5

福島

花見山公園

はなみやまこうえん

福島縣福島市渡利 ● 往年花期／4月上旬～4月中旬 ● 停車場／有 ● 交通方式／從JR福島站搭乘臨時巴士 ● MAP／6

photo by @ koki.s0617

photo by @ yone_75

富山

春之四重奏

はるのしじゅうそう

富山縣下新川郡朝日町舟川新 ● 全長／1.2km ● 總數／約280棵 ● 往年花期／4月上旬～4月中旬 ● 停車場／有 ● 交通方式／從愛之風富山鐵道泊站搭乘免費臨時巴士 ● MAP／7

群馬

岩井親水公園

いわいしんすいこうえん

群馬縣吾妻郡東吾妻町大字岩井 ● 全長／1km ● 總數／120棵 ● 往年花期／4月上旬～4月中旬 ● 停車場／有 ● 交通方式／從JR中之條站轉搭計程車約10分鐘 ● MAP／8

photo by @ pure_photomagic

秋田

櫻花與油菜花之路

桜・菜の花ロード

秋田縣南秋田郡大潟村地內縣道298號線沿線 ● 全長／11km ● 總數／4,000棵 ● 往年花期／4月下旬～5月上旬 ● 停車場／有 ● 交通方式／從JR八郎潟站搭計程車約15分鐘 ● MAP／9

photo by @ pure_photomagic

埼玉

幸手權現堂櫻堤

さってごんげんどうさくらづつみ

埼玉縣幸手市內國府間887番地3 ● 全長／1km ● 總數／約1,000棵 ● 往年花期／3月下旬～4月上旬 ● 停車場／有 ● 交通方式／從東武鐵道幸手站搭巴士，於權現堂下車 ● MAP／10

宮崎

西都原古墳群

さいとばるこふんぐん

宮崎縣西都市大字三宅5670 ● 總數／2,000棵 ● 往年花期／3月下旬～4月上旬 ● 停車場／有 ● 交通方式／從宮崎交通巴士西都總站搭乘臨時巴士 ● MAP／11

油菜花

Canola Flower

活潑、豐盛、財產

新潟

福島潟湖

ふくしまがた

新潟縣新潟市北區前新田乙 ● 栽種面積／3ha ● 往年花期／4月上旬～4月下旬 ● 停車場／有 ● 交通方式／從JR豐榮站步行約30分鐘 ● MAP／12

這個湖泊是水鳥的棲息處，也有許多稀有的動植物在此生息，自然生態相當豐富。潟湖邊建了一棟仿造古早民居的茅草屋頂休息區，裡面還有圍爐裏，可以一邊感受懷舊的氣氛，一邊欣賞如黃色地毯般鋪展開來的100萬株油菜花。

photo by @ qaz.sk

長野

油菜花公園

なのはなこうえん

長野縣飯山市大字瑞穗413 ● 總數／800萬株 ● 往年花期／4月下旬～5月中旬 ● 停車場／有 ● 交通方式／從JR飯山站搭巴士，於湯之入莊入口下車 ● MAP／13

photo by hmp.420

photo by hmp.420

愛知

伊良湖油菜花園

伊良湖菜の花ガーデン

愛知縣田原市堀切町濱藪 ● 總數／附近一帶1,000萬株以上 ● 往年花期／2月上旬～3月下旬 ● 停車場／有 ● 交通方式／從豐橋鐵道三河田原站搭巴士，於明神前下車，再步行約20分鐘 ● MAP／14

高知

入田柳林

入田ヤナギ林

高知縣四萬十市入田 ● 總數／1,000萬株 ● 往年花期／2月下旬～3月中旬 ● 停車場／有 ● 交通方式／從土佐黑潮鐵道具同站步行約30分鐘 ● MAP／15

大分

花與藝術海岬長崎鼻

花とアートの岬 長崎鼻

大分縣豐後高田市見目4060 ● 總數／2,000萬株 ● 往年花期／3月中旬～4月中旬 ● 停車場／有 ● MAP／16

photo by @ monchi.life0419

新潟

山本山澤山小公園

山本山沢
山ポケットパーク

新潟縣小千谷市大字山本 ● 栽種面積／3.5ha ● 往年花期／4月下旬～5月中旬※每2年開放一次 ● 停車場／有 ● 交通方式／從JR小千谷站搭巴士，於山本山高原入口下車，再步行50分鐘 ● MAP／17

福島

三之倉高原花畑

さんのくらこうげんはなばたけ

福島縣喜多方市熱鹽加納町相田字北權限森甲857-6 ● 栽種面積／約8ha ● 總數／約350萬株 ● 往年花期／5月上旬～5月下旬 ● 停車場／有 ● 交通方式／從JR喜多方站搭計程車約25分鐘 ● MAP／18

photo by @ aug4_ackey_x8i

北海道 ↑

瀧川 油菜花祭

たきかわ菜の花まつり

北海道瀧川市江部乙町東11丁目13-3 ● 栽種面積／180ha ● 往年花期／5月中旬～5月下旬 ● 停車場／無 ● MAP／19

青森

橫濱町 油菜花田

よこはままちのなのはなばたけ

↓

青森縣上北郡橫濱町大豆田 ● 栽種面積／約80ha ● 往年花期／5月中旬～5月下旬 ● 停車場／有 ● 交通方式／從下北交通巴士陸奧總站搭巴士，於大豆田下車，再步行約15分鐘 ● MAP／20

高知

上久喜花桃

かみくきのはなもも

高知縣吾川郡淀川町久喜 ● 總數／1,000棵 ● 往年花期／3月下旬～4月上旬 ● 停車場／有 ● MAP／21

長野

花桃之里

はなもものさと

長野縣下伊那郡阿智村智里 ● 總數／約5,000棵 ● 往年花期／4月中旬～5月上旬 ● 停車場／有 ● MAP／22

photo by ◎ shigeo_scenery_photography

埼玉

大內澤 花桃之鄉

おおうちざわはなもものさと

埼玉縣秩父郡東秩父村大內澤1118-1 ● 往年花期／3月下旬～4月上旬 ● 停車場／有 ● 交通方式／從東武鐵道寄居站搭巴士，於大寶下車，再步行約10分鐘 ● MAP／23

photo by @junchan.k_pics

愛知

上中的 垂枝桃

上中のしだれ桃

愛知縣豐田市上中町綱所 ● 總數／約3,000棵 ● 往年花期／4月上旬 ● 停車場／有 ● MAP／24

岐阜

木根垂枝 桃園

きねしだれ桃園

岐阜縣惠那市串原木根 ● 總數／約600棵 ● 往年花期／4月上旬 ● 停車場／有 ● 交通方式／從明知鐵道明智站搭巴士，於串原綜合福祉中心前下車，再步行約15分鐘 ● MAP／25

藤花

Wisteria

歡迎、陶醉

愛知

天王川公園

てんのうがわこうえん

愛知縣津島市宮川町1丁目 ● 藤棚面積／5,034㎡ ● 往年花期／4月下旬～5月上旬 ● 停車場／有 ● 交通方式／從名鐵津島站步行約15分鐘 ● MAP／26

這個區域過去稱作「藤浪之里」。在面積廣達5,000㎡的出色藤棚之下，有著一條寧靜的小河，可以在橫跨小河的橋上欣賞藤棚。水面映照出藤花，還漂浮著散落的藤花瓣，這幅美景是別處看不到的。

photo by @ yukiii_fleur

photo by @ kazu_photos

栃木

足利
花卉公園

あしかがフラワーパーク

栃木縣足利市迫間町607 ● 總數／350棵 ● 往年花期／4月中旬～5月中旬 ● 停車場／有 ● 交通方式／從JR足利花卉公園站步行約3分鐘 ● MAP／27

公園裡最具代表性的大藤樹齡已有160年。其他還有白色與黃色的藤花隧道等各種只有在這裡才看得到的藤花景觀。同一時期盛開的還有5,000株杜鵑花，兩者的鮮明對比也非常精彩。

photo by @ kkazu4848

福岡

中山大藤

なかやまのおおふじ

福岡縣柳川市三橋町中山583-1 ● 藤棚面積／約350坪 ● 樹齡／約300年 ● 往年花期／4月中旬～4月下旬 ● 停車場／有 ● 交通方式／從JR筑後船小屋站步行約40分鐘 ● MAP／28

福岡

河內藤園

かわちふじえん

福岡縣北九州市八幡東區河內2-2-48 ● 花的種類／22種 ● 往年花期／4月下旬～5月上旬 ● 停車場／有 MAP／29

photo by @ kkazu4848

photo by sakixx1027

和歌山

紀州吉田藤

きしゅうよしだふじ

和歌山縣有田郡有田川町川口 ● 藤棚面積／約3,500㎡ ● 總數／約100棵 ● 往年花期／4月下旬～5月上旬 ● 停車場／有 ● MAP／30

大分

千財農園

せんざいのうえん

大分縣宇佐市大字四日市4388 ● 藤棚面積／約2,400坪 ● 總數／250棵 ● 往年花期／4月下旬～5月上旬 ● 停車場／有 ● 交通方式／從JR柳浦站搭計程車約15分鐘 ● MAP／31

photo by hiromitravel

兵庫

白井大町藤公園

しらいおおまちふじこうえん

兵庫縣朝來市和田山町白井1008 ● 全長／500m ● 總數／100棵 ● 往年花期／4月下旬～5月中旬 ● 停車場／有 ● 交通方式／從JR和田山站搭計程車約10分鐘 ● MAP／32

photo by motohi.19

岡山

和氣町藤公園

わけちょうふじこうえん

岡山縣和氣郡和氣町藤野1893 ● 全長／500m ● 總種類／約100種 ● 往年花期／4月下旬～5月上旬 ● 停車場／有 ● 交通方式／從JR和氣站搭計程車約10分鐘 ● MAP／33

粉蝶花

Nemophila

[illegible]、在任何地方都能成功……

山口

火之山公園

ひのやまこうえん

山口縣下關市御裳川町 ● 往年花期／3月下旬～4月中旬 ● 停車場／有 ● 交通方式／從JR下關站搭巴士，於火之山纜車下車 ● MAP／34

火之山山麓同時也是1,000棵櫻花樹盛開的名勝景點，粉蝶花和鬱金香等春季花卉在此爭奇鬥艷。越過如流水般盛開的繁花，可以欣賞到關門海峽的遼闊景色。搭乘纜車到山頂，還可以從展望台眺望360度大全景。

photo by @ nico_0205

photo by @ __rin.07

photo by @ tomyjam36

靜岡

濱名湖花園公園

浜名湖ガーデンパーク

靜岡縣濱松市西區村櫛町5475-1 ● 總數／30萬株 ● 往年花期／4月上旬～4月中旬 ● 停車場／有 ● 交通方式／從JR濱松站搭巴士，於花園公園下車 ● MAP／35

大阪

大阪舞洲海濱公園

大阪まいしまシーサイドパーク

大阪府大阪市此花區北港綠地2丁目 ● 總數/約100萬株 ● 往年花期／4月中旬～5月上旬 ● 停車場／有 ● 交通方式／從JR櫻島站搭巴士，於舞洲Lodge飯店前下車，再步行約5分鐘 ● MAP／36

photo by @ greengrass523

photo by @ takata35

大分

RURU公園（大分農業文化公園）

るるパーク

大分縣杵築市山香町大字日指1-1 ● 總數／70萬株 ● 往年花期／4月上旬～5月上旬 ● 停車場／有 ● 交通方式／從JR豐後豐岡站或中山香站搭計程車約20分鐘 ● MAP／37

廣島

Flower village 花夢之里

ふらわーびれっじかむのさと

廣島縣世羅郡世羅町上津田3-3 ● 總數／100萬株 ● 往年花期／4月中旬～5月中旬 ● 停車場／有 ● 交通方式／從JR備後三川站搭計程車約30分鐘 ● MAP／38

鮮春

Vivid Spring

1	富山／入善Flower Road	P.052
2	岩手／雪谷川水壩森林公園·輕米	P.053
3	富山／礪波鬱金香博覽會	P.053
4	奈良／縣營馬見丘陵公園	P.053
5	島根／伯太鬱金香祭	P.053
6	大阪／堺·綠色博物館收穫之丘	P.054
7	滋賀／滋賀農業公園BLUMEN之丘	P.054
8	兵庫／但東花公園	P.054
9	北海道／上湧別鬱金香公園	P.054
10	岐阜／蛭野高原　牧歌之里	P.055
11	山梨／富士芝櫻祭	P.056
12	埼玉／羊山公園	P.057
13	北海道／東藻琴芝櫻公園	P.057

14 北海道／芝櫻瀧上公園 P.057

15 愛知／茶臼山高原 P.057

16 長崎／西海國立 長串山公園 P.058

17 奈良／葛城高原 P.059

18 宮城／德仙丈山 P.059

19 静岡／小室山公園 P.060

20 宮崎／椎八重公園 P.060

21 福井／西山公園 P.060

22 石川／大乘寺丘陵公園 P.060

23 茨城／筑波牡丹園 P.061

24 島根／由志園 P.061

25 山形／東澤玫瑰公園 P.062

26 兵庫／荒牧玫瑰公園 P.062

27 岐阜／岐阜世界玫瑰花園 P.062

28 静岡／河津Bagatelle公園 P.063

29 岡山／RSK玫瑰園 P.063

30 鹿兒島／鹿屋玫瑰園 P.063

31 神奈川／横濱英國花園 P.064

32 長崎／豪斯登堡 P.065

33 千葉／京成玫瑰園 P.065

34 埼玉／彩之國交流牧場 天空的罌粟花 P.066

35 岡山／道之驛　笠岡灣農場 P.066

36 埼玉／長瀞花菱草園 P.067

37 埼玉／鴻巢花祭 P.067

38 長野／九十九谷森林公園 P.068

39 岐阜／花之森四十八瀧山野草花園 P.069

40 青森／手作村　鯉艸鄉 P.069

鬱金香

Tulip

愛的告白、單戀、博愛

富山

入善 Flower Road

にゅうぜんフラワーロード

富山縣下新川郡入善町入善32555 KIRAKIRA商工觀光課內（入善町Flower Road實行委員會） ● 植栽面積／約9.3ha ● 總數／300萬株（每年不同） ● 往年花期／4月上旬～4月下旬 ● 停車場／有 ● 交通方式／從愛之風富山鐵道入善站搭巴士等（每年不同） ● MAP／1

以殘雪的北阿爾卑斯山為背景，鮮豔的鬱金香在恬靜的田園風景中盛開一片。只有鬱金香球根產地才有辦法種植到300萬株這種規模。

photo by @ yone_75

岩手

雪谷川水壩森林公園·輕米

雪谷川ダムフォリストパーク・軽米

岩手縣九戶郡輕米町大字小輕米20-3-1 ● 總數／約15萬株 ● 往年花期／4月下旬～5月中旬 ● 停車場／有 ● MAP／2

photo by @ aocha131

富山

礪波鬱金香博覽會

となみチューリップフェア

富山縣礪波市中村100-1（鬱金香四季彩館） ● 總數／300萬株 ● 往年花期／4月中旬～5月上旬 ● 停車場／有 ● 交通方式／從JR礪波站步行約15分鐘 ● MAP／3

photo by @ a.k.i_camera

奈良

縣營馬見丘陵公園

けんえいうまみきゅうりょうこうえん

奈良縣北葛城郡河合町佐味田2202 ● 總數／65萬株 ● 往年花期／4月上旬～4月下旬 ● 停車場／有 ● 交通方式／從近鐵五位堂站搭巴士，於馬見丘陵公園下車 ● MAP／4

島根

伯太鬱金香祭

はくたチューリップ祭

島根縣安來市伯太町東母里 ● 總數／50萬株 ● 往年花期／4月中旬 ● 停車場／有 ● 交通方式／從JR安來站搭巴士，於伯太廳舍下車 ● MAP／5

photo by @ a.k.i_camera

大阪

堺・綠色博物館收穫之丘

堺・緑のミュージアムハーベストの丘

大阪府堺市南區鉢峰寺2405-1 ● 總數／約9萬株 ● 往年花期／4月上旬～4月中旬 ● 停車場／有 ● 交通方式／從泉北高速鐵道泉丘站搭巴士，於收穫之丘下車 ● MAP／6

photo by @ yurino_291012

滋賀

滋賀農業公園BLUMEN之丘

滋賀農業公園ブルーメの丘

滋賀縣蒲生郡日野町西大路843 ● 總數／約12萬株 ● 往年花期／4月中旬～4月末 ● 停車場／有 ● 交通方式／從JR近江八幡站或近江鐵道日野站搭巴士，於幅野町下車，再步行約10分鐘 ● MAP／7

兵庫

但東花公園

たんとう花公園

兵庫縣豐岡市但東町畑山 ● 總數／100萬株 ● 往年花期／4月中旬～4月下旬 ● 停車場／有 ● MAP／8

photo by @ fubutsushi.mk

北海道

上湧別鬱金香公園

かみゆうべつチューリップ公園

北海道紋別郡湧別町上湧別屯田市街地358番地之1 ● 總數／70萬株 ● 往年花期／5月中旬～5月下旬 ● 停車場／有 ● MAP／9

岐阜

蛭野高原
牧歌之里

ひるがの高原牧歌の里

岐阜縣郡上市高鷲町鷲見2756-2 ●總數／20萬株●往年花期／5月上旬～5月中旬 ●停車場／有 ●交通方式／名古屋站有直達巴士（預約制） ●MAP／10

在標高1,000m的高原上，20萬株鮮豔的鬱金香如織品般揮灑色彩。能與可愛動物互動的鄉村風情也令人感到相當療癒。

photo by @ sada_mtk

芝櫻

Moss phlox

合意、協調

山梨

富士芝櫻祭

ふじしばざくらまつり

山梨縣南都留郡富士河口湖町本栖212 ● 總數／約50萬株 ● 往年花期／4月下旬～5月中旬 ● 停車場／有 ● 交通方式／富士急行河口湖站有直達巴士 ● MAP／11

位置靠近富士五湖之一的本栖湖，天氣好的時候，可以看見和千元紙鈔圖案一樣美麗的富士山。能同時欣賞到壯觀的背景和50萬株芝櫻鋪成的花毯。

photo by @ rinrin7281

photo by @ kazk107

埼玉

羊山公園

ひつじやまこうえん

埼玉縣秩父市大宮6360 ● 總數／40萬株 ● 往年花期／4月中旬～5月上旬 ● 停車場／有 ● 交通方式／從秩父鐵道御花畑站（芝櫻站）步行約20分鐘 ● MAP／12

北海道

東藻琴芝櫻公園

ひがしもこと芝桜公園

北海道網走郡大空町東藻琴末廣393 ● 植栽面積／10ha ● 往年花期／5月上旬～6月上旬 ● 停車場／有 ● 交通方式／從JR網走站搭巴士，於東藻琴（巴士公司前）下車，再搭計程車約6分鐘，也有期間限定巴士 ● MAP／13

北海道

芝櫻瀧上公園

芝ざくら滝上公園

北海道紋別郡瀧上町元町 ● 植栽面積／10萬m² ● 往年花期／5月上旬～6月上旬 ● 停車場／有 ● 交通方式／從JR旭川站搭巴士，於瀧上下車，再步行約15分鐘 ● MAP／14

愛知

茶臼山高原

ちゃうすやまこうげん

愛知縣北設樂郡豐根村坂宇場字御所平70-185 ● 總數／40萬株 ● 往年花期／5月中旬～6月上旬 ● 停車場／有 ● MAP／15

杜鵑花

Azaleas

節制、謹慎

長崎

西海國立
長串山公園

せいかいこくりつ　なぐしやまこうえん

長崎縣佐世保市鹿町町長串174-12 ● 總數／10萬株 ● 往年花期／4月上旬～5月上旬 ● 停車場／有 ● 交通方式／從JR佐世保站搭巴士，於長串山杜鵑花公園入口下車，再步行約15分鐘 ● MAP／16

杜鵑花品種名稱很多都包含九州的地名。這裡栽種著久留米杜鵑花和平戶杜鵑花，在10萬株杜鵑花的另一側，可以眺望到散布在海上的群島。

photo by @ kkazu4848

photo by @ hirota_46

奈良

葛城高原
かつらぎこうげん

奈良縣御所市櫛羅 ● 總數／100萬株 ● 往年花期／5月上旬～5月中旬 ● 停車場／有 ● 交通方式／從近鐵御所站搭巴士，於葛城纜車前下車，再搭乘纜車 ● MAP／17

宮城

德仙丈山
とくせんじょうさん

宮城縣氣仙沼市赤岩物見 ● 總數／50萬株 ● 往年花期／5月中旬～5月下旬 ● 停車場／有 ● 交通方式／JR氣仙沼站有期間限定巴士 ● MAP／18

靜岡

小室山公園

こむろやまこうえん

靜岡縣伊東市川奈1260-1 ● 總數／10萬株 ● 往年花期／4月上旬～4月下旬 ● 停車場／有 ● 交通方式／從伊豆急行川奈站步行約20分鐘 ● MAP／19

宮崎

椎八重公園

しいばえこうえん

宮崎縣北諸縣郡三股町大字長田5515-1 ● 總數／約6萬株 ● 往年花期／4月上旬～4月中旬 ● 停車場／有 ● MAP／20

photo by @ aocha131

福井

西山公園

にしやまこうえん

福井縣鯖江市櫻町3-7-20 ● 總數／約5萬株 ● 往年花期／4月下旬～5月中旬 ● 停車場／有 ● 交通方式／從福井鐵道西山公園站步行約1分鐘 ● MAP／21

石川

大乘寺丘陵公園

だいじょうじきゅうりょうこうえん

石川縣金澤市長坂町、山科町範圍內 ● 總數／約13,000株 ● 往年花期／5月上旬～5月下旬 ● 停車場／有 ● 交通方式／從JR金澤站搭巴士，於圓光寺下車，再步行約15分鐘 ● MAP／22

茨城

筑波牡丹園

つくば牡丹園

茨城縣筑波市若栗500 ● 往年花期／4月中旬～5月下旬（照片為5月週六日限定的「水面芍藥5,000朵」）● 停車場／有 ● 交通方式／從JR牛久站搭巴士，於莖崎若栗下車，再步行約5分鐘 ● MAP／23

島根

由志園

ゆうしえん

島根縣松江市八束町波入1260-2 ● 往年花期／4月中旬～5月上旬（照片為黃金週連假限定的「池泉牡丹」）● 停車場／有 ● 交通方式／從JR松江站搭巴士，於由志園下車 ● MAP／24

玫瑰

Rose

愛、熱情、熱戀

山形 ①

東澤玫瑰公園

東沢バラ公園

山形縣村山市楯岡東澤1番25號 ● 總數／2萬株 ● 往年花期／6月上旬（春玫瑰） ● 停車場／有 ● 交通方式／從JR村山站步行約20分鐘 ● MAP／25

photo by @ cocoro_june

photo by @ yassan08

兵庫 ②

荒牧玫瑰公園

荒牧バラ公園

兵庫縣伊丹市荒牧6丁目5-50 ● 總數／1萬株 ● 往年花期／5月中旬～6月中旬（春玫瑰） ● 停車場／有 ● 交通方式／從阪急山本站或JR中山寺站步行約20分鐘 ● MAP／26

岐阜 ③

岐阜世界玫瑰花園

ぎふワールド・ローズガーデン

岐阜縣可兒市瀨田1584-1 ● 總數／2萬株 ● 往年花期／5月中旬～6月上旬（春玫瑰） ● 停車場／有 ● 交通方式／從名鐵明智站步行約25分鐘 ● MAP／27

靜岡

河津 Bagatelle公園

河津バガテル公園

靜岡縣賀茂郡河津町峰1073 ● 總數／6,000株 ● 往年花期／5月中旬～6月上旬（春玫瑰） ● 停車場／有 ● 交通方式／伊豆急行河津站有期間限定巴士 ● MAP／28

岡山

RSK玫瑰園

RSKバラ園

岡山縣岡山市北區撫川1592-1 ● 總數／12,000株 ● 往年花期／5月中旬～6月上旬（春玫瑰） ● 停車場／有 ● 交通方式／從JR岡山站搭巴士，於下撫川下車，再步行約5分鐘 ● MAP／29

鹿兒島

鹿屋玫瑰園

かのやばら園

鹿兒島縣鹿屋市濱田町1250 ● 總數／35,000株 ● 往年花期／5月上旬～6月中旬（春玫瑰） ● 停車場／有 ● MAP／30

神奈川

橫濱
英國花園

横浜イングリッシュガーデン

神奈川縣橫濱市西區西平沼町6-1 ● 總種類／2,200種 ● 往年花期／4月下旬～5月下旬（春玫瑰）● 停車場／有 ● 交通方式／從相鐵平沼橋站步行約10分鐘，或從橫濱站搭免費接駁巴士（週三停駛）● MAP／31

可以從東京都心輕鬆前往，坐落於車站附近的英式庭園。2,200種玫瑰爭奇鬥艷，洋溢著高雅的香氣，堪稱都市中的綠洲。

photo by @ naomi2011

photo by @ shotabi.n.photography

長崎

豪斯登堡

ハウステンボス

長崎縣佐世保市豪斯登堡町1-1 ●總數／100萬株 ●往年花期／5月上旬～5月下旬（春玫瑰） ●停車場／有 ●交通方式／從JR豪斯登堡站步行約7分鐘 ●MAP／32

千葉

京成玫瑰園

京成バラ園

千葉縣八千代市大和田新田755 ●總數／1萬株 ●往年花期／5月上中旬～6月上中旬（春玫瑰） ●停車場／有 ●交通方式／從東葉高速線八千代綠丘站搭巴士，於京成玫瑰園下車 ●MAP／33

photo by @ restofmylife2018

罌粟花

Poppy

安慰、忍耐、體貼

photo by @ ryovu

photo by @ hikaridon_2828

埼玉

彩之國 交流牧場 天空的罌粟花

彩の国ふれあい牧場 天空のポピー

埼玉縣秩父郡皆野町三澤 ● 總數／1,500萬株 ● 往年花期／5月中旬～6月上旬 ● 停車場／有 ● 交通方式／秩父鐵道皆野站有臨時巴士 ● MAP／34

岡山

道之驛 笠岡灣農場

道の駅笠岡ベイファーム

岡山縣笠岡市兜南町245-5 ● 總數／1,000萬株 ● 往年花期／5月上旬～5月下旬 ● 停車場／有 ● MAP／35

photo by @ koki_oki

埼玉

長瀞花菱草園

長瀞ハナビシソウ園

埼玉縣秩父郡長瀞町長瀞1164 ● 敷地面積／1萬m² ● 往年花期／5月中旬～6月中旬 ● 停車場／有 ● 交通方式／從秩父鐵道長瀞站步行約8分鐘 ● MAP／36

埼玉

鴻巢花祭

こうのす花まつり

埼玉縣鴻巢市明用636-1他 ● 總數／3,000萬株 ● 往年花期／5月上旬～5月下旬 ● 停車場／有 ● 交通方式／JR鴻巢站有週六日限定接駁巴士 ● MAP／37

photo by @ kjknic

九輪草

疊加幸福、記憶力佳

長野

九十九谷 森林公園

くじゅうくたにしんりんこうえん

長野縣下伊那郡喬木村小川 ● 總數／5萬株 ● 往年花期／5月中旬～6月上旬 ● 停車場／有 ● MAP／38

這裡是稀有的九輪草園之一，5萬株九輪草在此靜靜盛開。蒼翠的樹木與紅白黃色的花朵呈現出美麗的對比，就像是祕密花園般的景色。

photo by @ pcx758

photo by @ hmp.420

岐阜

花之森 四十八瀧山 野草花園

はなのもり　しじゅうはちたき さんやそうかえん

岐阜縣高山市國府町宇津江3232-1 ● 總數／15萬株 ● 往年花期／5月下旬～6月中旬 ● 停車場／有 ● MAP／39

青森

手作村 鯉艸郷

手づくり村鯉艸郷

青森縣十和田市大字深持字鳥森2-10 ● 總數／1萬株 ● 往年花期／5月下旬～6月下旬 ● 停車場／有 ● 交通方式／從JR七戶十和田站搭計程車約20分鐘 ● MAP／40

魯冰花

眾多的夥伴、母愛

涼 夏

Cool Summer

1 静岡／下田公園 P.072

2 埼玉／美之山公園 P.073

3 岩手／陸奥紫陽花園 P.073

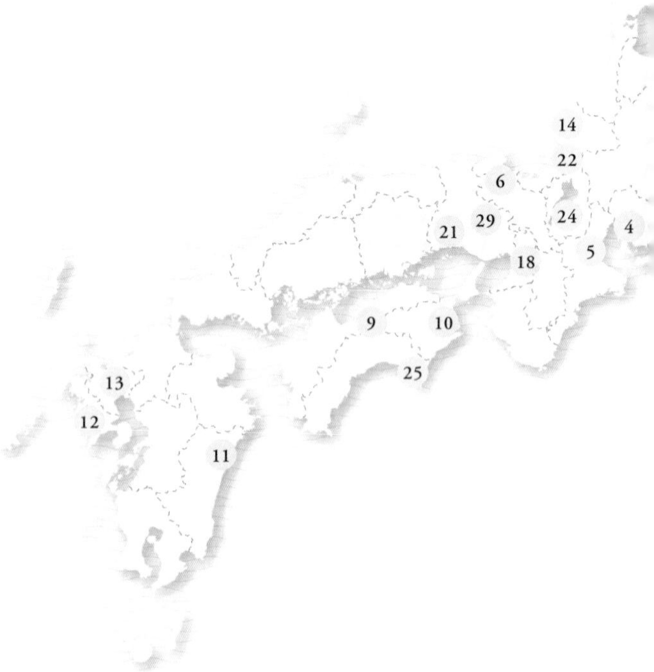

4 愛知／形原溫泉紫陽花之鄉 P.074
5 三重／風早之里 P.075
6 京都／舞鶴自然文化園 P.076
7 千葉／服部農園紫陽花宅邸 P.076
8 沖繩／饒平名紫陽花園 P.077
9 愛媛／紫陽花之里 P.077
10 德島／大川原高原 P.077
11 宮崎／桃源鄉岬 P.077
12 長崎／大村公園 P.078
13 佐賀／大和中央公園花菖蒲園 P.079
14 福井／北潟湖畔花菖蒲園 P.079
15 愛知／賀茂菖蒲園 P.079
16 東京／小岩菖蒲園 P.079
17 千葉／水鄉佐原菖蒲公園 P.080
18 大阪／山田池公園 P.080
19 神奈川／横須賀菖蒲園 P.081
20 宮城／多賀城遺址菖蒲園 P.081
21 兵庫／YAMASA魚板「蓮花苑」 P.082
22 福井／蓮花公園 P.082
23 宮城／伊豆沼、內沼 P.082
24 滋賀／草津市立水生植物公園水之森 P.083
25 高知／北川村「莫內庭園」馬摩丹 P.083
26 千葉／佐倉薰衣草園 P.084
27 群馬／玉原薰衣草公園 P.085
28 秋田／美鄉町薰衣草園 P.085
29 兵庫／薰衣草公園多可 P.085

紫陽花

Hydrangea

艱辛的愛

靜岡

下田公園

しもだこうえん

靜岡縣下田市3丁目　面積／8萬坪　總數／15萬株　往年花期／6月上旬～6月下旬　停車場／有　交通方式／從伊豆急行下田站步行約20分鐘　MAP／1

300萬朵紫陽花在園內到處盛開，數量據說是全日本最多。由於位在略高的小丘上，越過紫陽花，可以俯瞰到以黑船事件聞名的下田港。

photo by ◎ ken.f430

埼玉

美之山公園

みのやまこうえん

埼玉縣秩父市黑谷・總數／4,000株・往年花期／6月下旬～7月上旬・停車場／有・交通方式／從秩父鐵道皆野站搭計程車約20分鐘・MAP／2

岩手

陸奥紫陽花園

みちのくあじさい園

岩手縣一關市舞川字原澤111・敷地面積／約15ha・總數／400種4萬株・往年花期／6月下旬～7月下旬・停車場／有・交通方式／從JR一關站搭巴士，於水上下車，再步行約20分鐘・MAP／3

愛知

形原溫泉 紫陽花之鄉

形原温泉あじさいの里

愛知縣蒲郡市金平町一之澤28-1　總數／5萬株　往年花期／6月上旬～6月下旬　停車場／有　交通方式／JR蒲郡站有臨時巴士　MAP／4

池塘邊的斜坡地開滿多達5萬株的紫陽花，可以從園內遠眺三河灣。點燈後幻化成妖豔姿態的夜之紫陽也是一大看點。

photo by @ junchan.k_pics

三重

風早之里

かざはやの里

三重縣津市戸木町4096（伊勢溫泉高爾夫俱樂部內）　總數／77,700株　往年花期／6月上旬～7月上旬　停車場／有　交通方式／從近鐵久居站搭巴士，於戸木神社前下車，再步行約15分鐘　MAP／5

前身是高爾夫球場，活用丘陵地形打造出來的花園。77,700株的紫陽花填滿360度的視野。也很推薦在梅花或藤花的季節造訪。

photo by @ photographer_okakoh

京都

舞鶴
自然文化園

まいづるしぜんぶんかえん

京都府舞鶴市字多禰寺24-12　總數／100個品種10萬株　往年花期／6月中旬～6月下旬　停車場／有　交通方式／從JR東舞鶴站搭巴士，於自然文化園下車　MAP／6

千葉

服部農園
紫陽花宅邸

服部農園あじさい屋敷

千葉縣茂原市三谷719　總數／1萬株以上　往年花期／6月中旬～6月下旬　停車場／有　交通方式／從JR茂原站搭計程車約10分鐘　MAP／7

沖繩

饒平名紫陽花園

よへなあじさい園

沖繩縣本部町字伊豆味1312 總數／1萬株 往年花期／5月中旬～6月下旬 停車場／有 MAP／8

photo by @ risa__918

宮崎

桃源郷岬

とげんきょうみさき

宮崎縣東臼杵郡門川町遠見半島 總數／2萬株 往年花期／6月上旬～6月下旬 停車場／有 交通方式／從JR門川站搭計程車約10分鐘 MAP／11

愛媛

紫陽花之里

あじさいの里

愛媛縣四國中央市新宮町上山3322（上山簡易郵局）附近 總數／2萬株 往年花期／6月中旬～6月下旬 停車場／有 交通方式／從JR伊予三島站搭巴士，於長手橋下車，再步行約3分鐘 MAP／9

德島

大川原高原

おおかわらこうげん

德島縣名東郡佐那河內村大川原 總數／3萬株 往年花期／6月下旬～7月上旬 停車場／有 MAP／10

花菖蒲

Japanese iris

好消息

長崎

大村公園

おおむらこうえん

長崎縣大村市玖島1丁目43番地　總數／30萬株　往年花期／5月下旬～6月上旬　停車場／有　交通方式／從JR大村站搭巴士，於市役所前下車　MAP／12

擁有30萬株花，為九州規模最大的花菖蒲園。玖島城的護城河被染成一片菖蒲色。可以欣賞到在城池遺址的加持之下更顯高雅的花菖蒲。

photo by ⓘ ta_wa_d

photo by @ aocha131

佐賀

大和中央公園花菖蒲園

大和中央公園花しょうぶ園

佐賀縣佐賀市大和町大字川上3294・總數／4萬株・往年花期／5月下旬～6月上旬・停車場／有・交通方式／從JR佐賀站搭巴士，於大橋下車，再步行約6分鐘・MAP／13

福井

北潟湖畔花菖蒲園

きたがたこはんはなしょうぶえん

福井縣蘆原市北潟211・總數／20萬株・往年花期／6月上旬～6月下旬・停車場／有・交通方式／從JR蘆原溫泉站或越前鐵道蘆原湯之町站搭計程車約15分鐘・MAP／14

photo by @ mokousa1

愛知

賀茂菖蒲園

賀茂しょうぶ園

愛知縣豐橋市賀茂町字鎌田・總數／37,000株・往年花期／5月下旬～6月中旬・停車場／有・交通方式／從JR豐川站搭計程車約20分鐘・MAP／15

東京

小岩菖蒲園

こいわしょうぶえん

東京都江戶川區北小岩4丁目往前・總數／5萬株・往年花期／6月上旬～6月下旬・停車場／有・交通方式／從京成江戶川站步行約5分鐘・MAP／16

千葉

水郷佐原あやめパーク

水郷佐原あやめパーク

千葉縣香取市扇島1837-2　總數／400個品種150萬株　往年花期／6月上旬～6月下旬　停車場／有　交通方式／從JR佐原站搭巴士，於水郷佐原菖蒲公園下車（僅平日）　MAP／17

大阪

山田池公園

やまだいけこうえん

大阪府枚方市山田池公園1-1　總數／約150個品種1萬株　往年花期／6月上旬～6月中旬　停車場／有　交通方式／從JR藤阪站步行約9分鐘　MAP／18

photo by hiromitravel

photo by @ yuki_hamakko

神奈川

橫須賀菖蒲園

橫須賀しょうぶ園

神奈川縣橫須賀市阿部倉18-1・總數／14萬株・往年花期／6月上旬～6月下旬・停車場／有・交通方式／從JR衣笠站搭巴士，於菖蒲園下車，再步行約2分鐘・MAP／19

宮城

多賀城遺址菖蒲園

多賀城跡あやめ園

宮城縣多賀城市市川字立石（田屋場）・總數／800種300萬株・往年花期／6月中旬～6月下旬・停車場／有・交通方式／從JR國府多賀城站步行約5分鐘・MAP／20

photo by @ aug4_ackey_x8i

蓮

Lotus

清澈的心、雄辯

photo by cocoron.yuri

兵庫

YAMASA魚板「蓮花苑」

ヤマサ蒲鉾「蓮の花苑」

兵庫縣姬路市夢前町置本327-16（YAMASA魚板總公司工廠北側）總面積／約1.2ha　往年花期／7月上旬～7月下旬　停車場／有　交通方式／從JR姬路站搭巴士，於清水橋下車，再步行約15分鐘　MAP／21

photo by kayo.photoaka

福井

蓮花公園

花はす公園

福井縣南條郡南越前町中小屋64-41　公園面積／3.3ha　往年花期／7月上旬～7月下旬　停車場／有　交通方式／JR今庄站有期間限定接駁巴士　MAP／22

宮城

伊豆沼·内沼

いずぬま·うちぬま

宮城縣栗原市若柳字上畑岡敷味17番地2等　往年花期／8月上旬～8月下旬　停車場／有　交通方式／從JR新田站步行約5分鐘　MAP／23

滋賀

草津市立
水生植物公園
水之森

草津市立水生植物公園みずの森

滋賀縣草津市下物町1091番地　往年花期／6月上旬～7月下旬　停車場／有　交通方式／從JR草津站搭巴士，於水之森下車　MAP／24

高知

北川村
「莫內庭園」
馬摩丹

北川村「モネの庭」マルモッタン

高知縣安藝郡北川村野友甲1100番地　往年花期／5月上旬～9月上旬　停車場／有　交通方式／從土佐黑潮鐵道奈半利站搭巴士，於莫內之庭下車　MAP／25

photo by @ yassan08

薰衣草

Lavender

沉默、期待

千葉

佐倉
薰衣草園

佐倉ラベンダーランド

千葉縣佐倉市先崎233　總數／5,500株　往年花期／6月上旬～7月上旬　停車場／有　交通方式／從京成有加利丘站搭巴士，於先崎會館下車，再步行約15分鐘　MAP／26

為了進行地區活化，讓該地百花齊放而打造出來的園區。優點是可以在離東京都心相對較近的地方，欣賞到在日本還為數不多的薰衣草田。

photo by @ kotaji_

群馬

玉原
薰衣草公園

たんばらラベンダーパーク

群馬縣沼田市玉原高原 ● 總數／約5萬株 ● 往年花期／7月中旬～8月中旬 ● 停車場／有 ● 交通方式／JR沼田站有期間限定免費接駁巴士（事前預約制） ● MAP／27

photo by @ healing_mayu_hana

秋田

美鄉町
薰衣草園

美郷町ラベンダー園

秋田縣仙北郡美鄉町千屋字大台野1-4 ● 總數／2萬株 ● 往年花期／6月中旬～7月上旬 ● 停車場／有 ● MAP／28

兵庫

薰衣草公園
多可

ラベンダーパーク多可

兵庫縣多可郡多可町加美區轟799-127 ● 總數／約2萬株 ● 往年花期／5月中旬～7月中旬 ● 停車場／有 ● 交通方式／從JR西脇市站搭巴士，於轟下車，再步行約15分鐘 ● MAP／29

陽夏

Sunny Summer

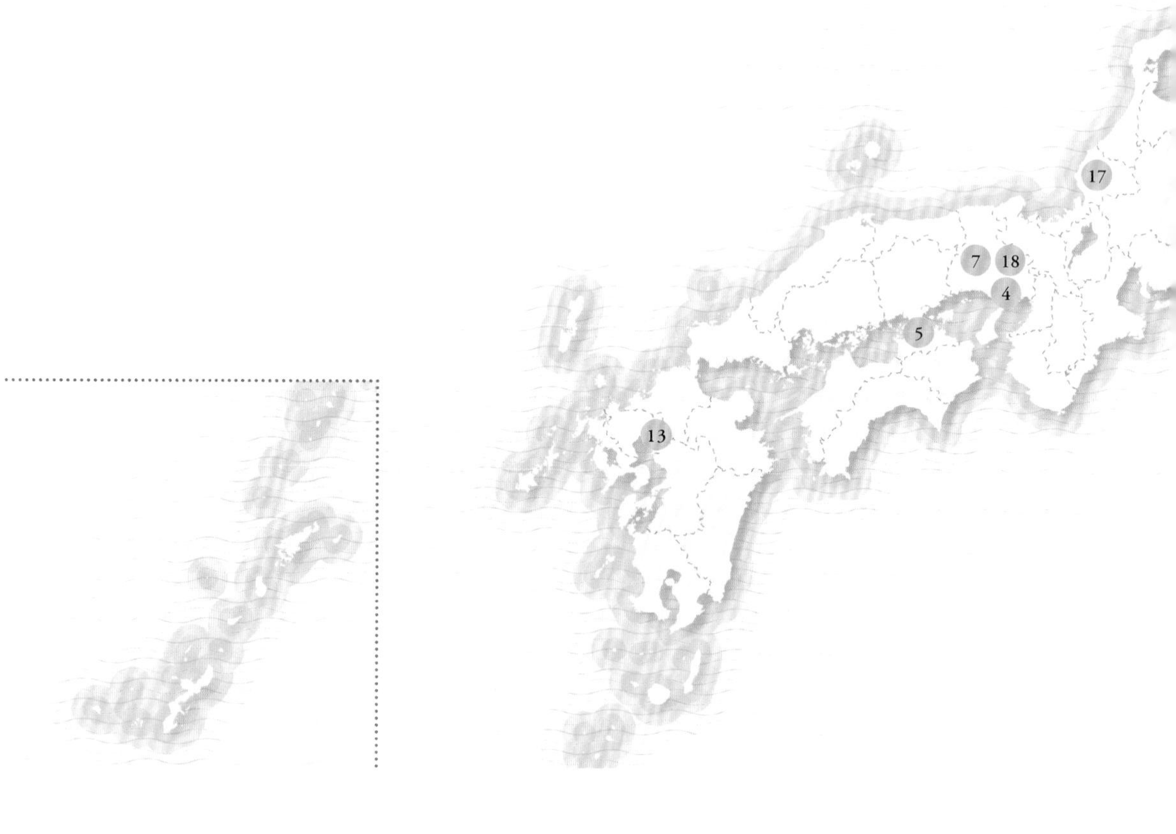

1 茨城／明野向日葵嘉年華 P.088
2 福島／郡山布引風之高原 P.089
3 北海道／北龍町向日葵之里 P.089
4 兵庫／向日葵之丘公園 P.090
5 香川／中山向日葵團地 P.090
6 神奈川／座間市向日葵田 P.090
7 兵庫／佐用町南光向日葵祭 P.090
8 北海道／名寄市向日葵花田 P.091
9 北海道／大曲湖畔園地 P.091
10 宮城／山元向日葵祭 P.092
11 山梨／北杜市明野太陽花節 P.092
12 岩手／煙山向日葵公園 P.092
13 福岡／柳川向日葵園 P.093
14 山形／飯豐DONDEN平百合園 P.094
15 北海道／百合之郷 小清水百合公園 P.095
16 静岡／可睡百合園 P.095
17 福井／百合花之郷公園 YURIIMU春江 P.096
18 兵庫／篠山玉水百合園 P.096
19 新潟／月岡公園 P.097
20 埼玉／深谷Green Park Patio P.097
21 福島／東和百日紅園 P.098
22 北海道／福祿考公園 P.098
23 福島／安達之原故郷村 P.098
24 千葉／母親牧場 P.099
25 埼玉／大宮花之丘農林公苑 P.100
26 山梨／山中湖花之都公園 P.101
27 長野／霧峰高原 P.101

向日葵

Sun Flower

憧憬、崇拜

茨城

明野
向日葵嘉年華

あけのひまわりふぇすてぃばる

茨城縣筑西市宮山地區 ● 總數／約100萬株 ● 往年花期／8月下旬～9月上旬 ● 停車場／有 ● 交通方式／從JR下館站搭巴士，於明野支所前下車 ● MAP／1

若是想在夏天的尾巴欣賞整片的向日葵田，這裡就是不二之選。在這個可以眺望筑波山的視野開闊之地，盛開著100萬株在日本也很少見的八重向日葵。

photo by @mintchoco4928

photo by @pekoyukitty

福島

郡山
布引風之高原

こおりやま
ぬのびきかぜのこうげん

福島縣郡山市湖南町赤津字馬頭原 ● 總數／50萬株 ● 往年花期／8月中旬～9月上旬 ● 停車場／有 ● MAP／2

北海道

北龍町
向日葵之里

北竜町ひまわりの里

北海道雨龍郡北龍町板谷143-2 ● 總數／200萬株 ● 往年花期／8月上旬 ● 停車場／有 ● MAP／3

photo by @hana.hana.877

兵庫

向日葵之丘公園

ひまわりの丘公園

兵庫縣小野市淨谷町1545-321 ● 總數／38萬株 ● 往年花期／7月中旬～7月下旬 ● 停車場／有 ● 交通方式／從神戶電鐵小野站搭巴士，於向日葵之丘下車 ● MAP／4

香川

中山向日葵團地

中山ひまわり団地

香川縣仲多度郡滿濃町帆山756 ● 總數／31萬株 ● 往年花期／7月上旬～7月中旬 ● 停車場／有 ● 交通方式／從JR鹽入站步行約25分鐘 ● MAP／5

photo by @k_kiwi_t_

photo by @toshihiro7183

神奈川

座間市向日葵田

座間市ひまわり畑

神奈川縣座間市新田宿 ● 總數／55萬株 ● 往年花期／8月中旬 ● 停車場／有 ● 交通方式／小田急電鐵相武台前站有臨時直達巴士 ● MAP／6

兵庫

佐用町南光向日葵祭

佐用町南光ひまわり祭り

兵庫縣佐用郡佐用町東德久等地 ● 往年花期／7月中旬～8月上旬 ● 停車場／有 ● 交通方式／從JR播磨德久站步行約25分鐘 ● MAP／7

photo by @fubutsushi.mk

北海道

名寄市 向日葵田

名寄市ひまわり畑

北海道名寄市內各處 ● 總數／全市合計約500萬株 ● 往年花期／7月下旬～8月中旬 ● 停車場／有 ● MAP／8

北海道

大曲湖畔園地

おおまがりこはんえんち

北海道網走市字三眺 ● 往年花期／9月上旬～9月下旬 ● 停車場／有 ● 交通方式／從JR網走站搭計程車約10分鐘 ● MAP／9

photo by @yuka_petit_bonheur

宮城

山元
向日葵祭

やまもとひまわり祭り

宮城縣亘理郡山元町山元東部地區農地整備事業新濱地區耕地（高瀨字新濱二地內）● 總數／約200萬株 ● 往年花期／8月上旬～8月中旬 ● 停車場／有 ● MAP／10

photo by @maaa32nyaaa

山梨

北杜市明野
太陽花節

北杜市明野サンフラワーフェス

山梨縣北杜市明野町淺尾5664 ● 總數／30萬株 ● 往年花期／7月中旬～8月中旬 ● 停車場／有 ● 交通方式／從JR韮崎站搭巴士，於明野果園下車，再步行約5分鐘 ● MAP／11

岩手

煙山
向日葵公園

煙山ひまわりパーク

岩手縣紫波郡矢巾町煙山區域內 ● 總數／40萬株 ● 往年花期／8月中旬 ● 停車場／有 ● 交通方式／從JR矢幅站搭計程車約15分鐘 ● MAP／12

福岡

柳川向日葵園

柳川ひまわり園

福岡縣柳川市橋本町　總數／約50萬株　往年花期／7月中旬～7月下旬　停車場／有　交通方式／西鐵柳川站有臨時巴士　MAP／13

由於面朝有明海，所以能一邊吹著海風，一邊欣賞多達50萬株的向日葵。該地周圍沒有建築物，可以眺望到美麗的夏日晚霞。

photo by @toto_cafe8

百合

lily

威嚴、純潔、純粹

山形

飯豐DONDEN平百合園

いいでどんでん平ゆり園

山形縣西置賜郡飯豐町大字荻生3341 • 總數／50萬株 • 往年花期／6月下旬～7月上旬 • 停車場／有 • 交通方式／從JR荻生站步行約30分鐘 • MAP／14

東北地區規模最大的百合園，百合田極為出色。在7ha的廣大占地中，盛開著50萬株紅、黃、橘等色彩繽紛的百合，芳醇的香氣洋溢在整個園區內。

photo by @pekoyukitty

北海道

百合之鄉
小清水
百合公園

ゆりの郷こしみずリリーパーク

北海道斜里郡小清水町元町2丁目643番地2號 ● 總數／700萬朵 ● 往年花期／7月中旬～8月下旬 ● 停車場／有 ● MAP／15

靜岡

可睡百合園

可睡ゆりの園

靜岡縣袋井市久能2990-1 ● 總數／200萬朵 ● 往年花期／6月上旬～6月下旬 ● 停車場／有 ● 交通方式／從JR袋井站搭巴士，於可睡齋入口下車，再步行約5分鐘 ● MAP／16

photo by @ hmp.420

photo by @aocha131

photo by @kazunobu_camera

福井

百合花之鄉公園 YURIIMU春江

ゆりの里公園ユリーム春江

福井縣坂井市春江町石塚21-2-3 ● 總數／15萬朵 ● 往年花期／6月上旬～6月下旬 ● 停車場／有 ● 交通方式／從越前鐵道西長田百合之里站步行約20分鐘 ● MAP／17

兵庫

篠山 玉水百合園

篠山玉水ゆり園

兵庫縣丹波篠山市黑岡207-1 ● 總數／10萬株 ● 往年花期／6月上旬～7月上旬 ● 停車場／有 ● 交通方式／從JR篠山口站搭巴士，於二階町下車，再步行約5分鐘 ● MAP／18

新潟

月岡公園

つきおかこうえん

新潟縣魚沼市堀之內2012 ● 往年花期／6月下旬～7月上旬、9月下旬～10月上旬 ● 停車場／有 ● 交通方式／從JR小出站搭巴士，於堀之內高校前下車，再步行約5分鐘 ● MAP／19

埼玉

深谷 Green Park Patio

深谷グリーンパークパティオ

埼玉縣深谷市樫合763 ● 總數／2萬株 ● 往年花期／7月上旬～7月下旬 ● 停車場／有 ● 交通方式／JR深谷站有接駁巴士 ● MAP／20

photo by @ healing_mayu_hana

photo by @akiko_dayo_

百日紅

Crape Myrtle

討人喜歡、相信你

福島

東和百日紅園

東和サルスベリ園

福島縣二本松市戶澤字宮之入52 ● 植栽面積／3ha ● 總數／1萬株 ● 往年花期／8月上旬～9月下旬 ● 停車場／有 ● MAP／21

photo by @93kumi93

北海道

福祿考公園

フロックス公園

北海道網走市呼人 ● 總數／15萬株 ● 往年花期／7月下旬～9月上旬 ● 停車場／有 ● MAP／22

photo by @pekoyukitty

福島

安達之原故鄉村

安達ヶ原ふるさと村

福島縣二本松市安達之原4丁目100番地 ● 往年花期／7月下旬～10月上旬 ● 停車場／有 ● 交通方式／從JR二本松站搭巴士，於安達之原下車 ● MAP／23

碧冬茄

Petunia

和你在一起心情就會
平靜下來、安全感

千葉

母親牧場

マザー牧場

千葉縣富津市田倉940-3 ● 植栽面積／約5,000㎡ ● 總數／約2萬株 ● 往年花期／7月上旬～9月下旬 ● 停車場／有 ● 交通方式／從JR君津站或佐貫町站搭巴士，於母親牧場下車 ● MAP／24

一整片粉紅色花田在眼前展開，彷彿春天來臨。這兩萬株的花，是在千葉縣進行品種改良，名為「桃色氣息」的碧冬茄改良種。由於它有在下雨時闔起花瓣自我保護的特性，建議在連日放晴的時候前往欣賞。

photo by @keeeesan1108

一串紅

Salvia

尊敬、家族愛

埼玉

大宮花之丘農林公苑

おおみやはなのおかのうりんこうえん

埼玉縣埼玉市西區西新井124番地 ● 總數／33,000株 ● 往年花期／7月中旬～8月上旬、9月中旬～10月上旬 ● 停車場／有 ● 交通方式／從JR上尾站搭巴士，於花之丘公苑下車 ● MAP／25

在初夏和秋末時分，3萬多株的一串紅盛開，鋪成一片火紅的花毯。8月中旬會進行一次修剪而無花可賞，前往參觀時務必留意。

photo by @wabisabimiyabi

photo by @hmp.420

山梨

山中湖花之都公園

やまなかこはなのみやここうえん

山梨縣南都留郡山中湖村山中1650 ● 總數／約80萬株 ● 往年花期／7月中旬～10月上旬 ● 停車場／有 ● 交通方式／從JR御殿場站搭巴士，於花之都公園下車 ● MAP／26

長野

霧峰高原

きりがみねこうげん

長野縣諏訪市四賀霧峰 ● 往年花期／7月上旬～7月下旬 ● 停車場／有 ● 交通方式／從JR上諏訪站搭巴士，於車山肩下車 ● MAP／27

情秋

Emotional Autumn

1	愛知／稗田川	P.104
2	鹿児島／伊佐市大口 大田彼岸花	P.105
3	岐阜／津屋川堤防	P.105
4	愛媛／窪野町彼岸花群生地	P.106
5	愛知／矢勝川	P.107
6	長崎／社之丘花園	P.107
7	埼玉／巾著田	P.107
8	長野／紅蕎麥之郷	P.108

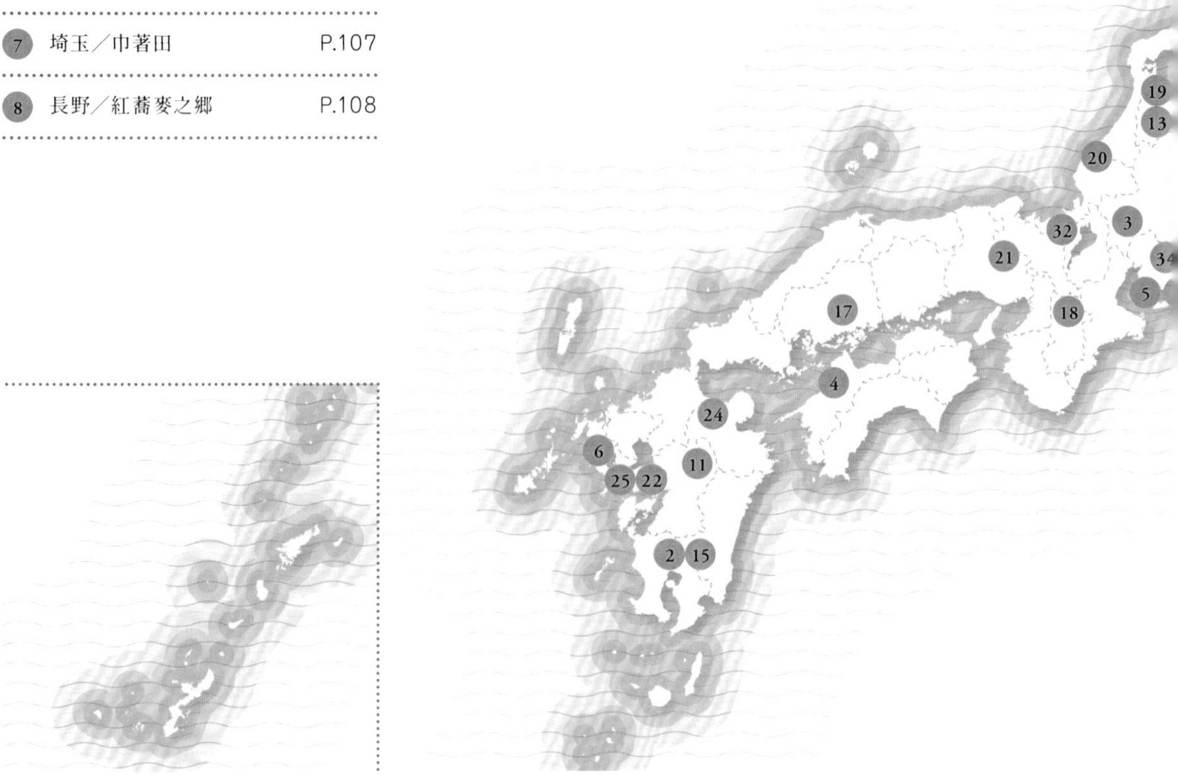

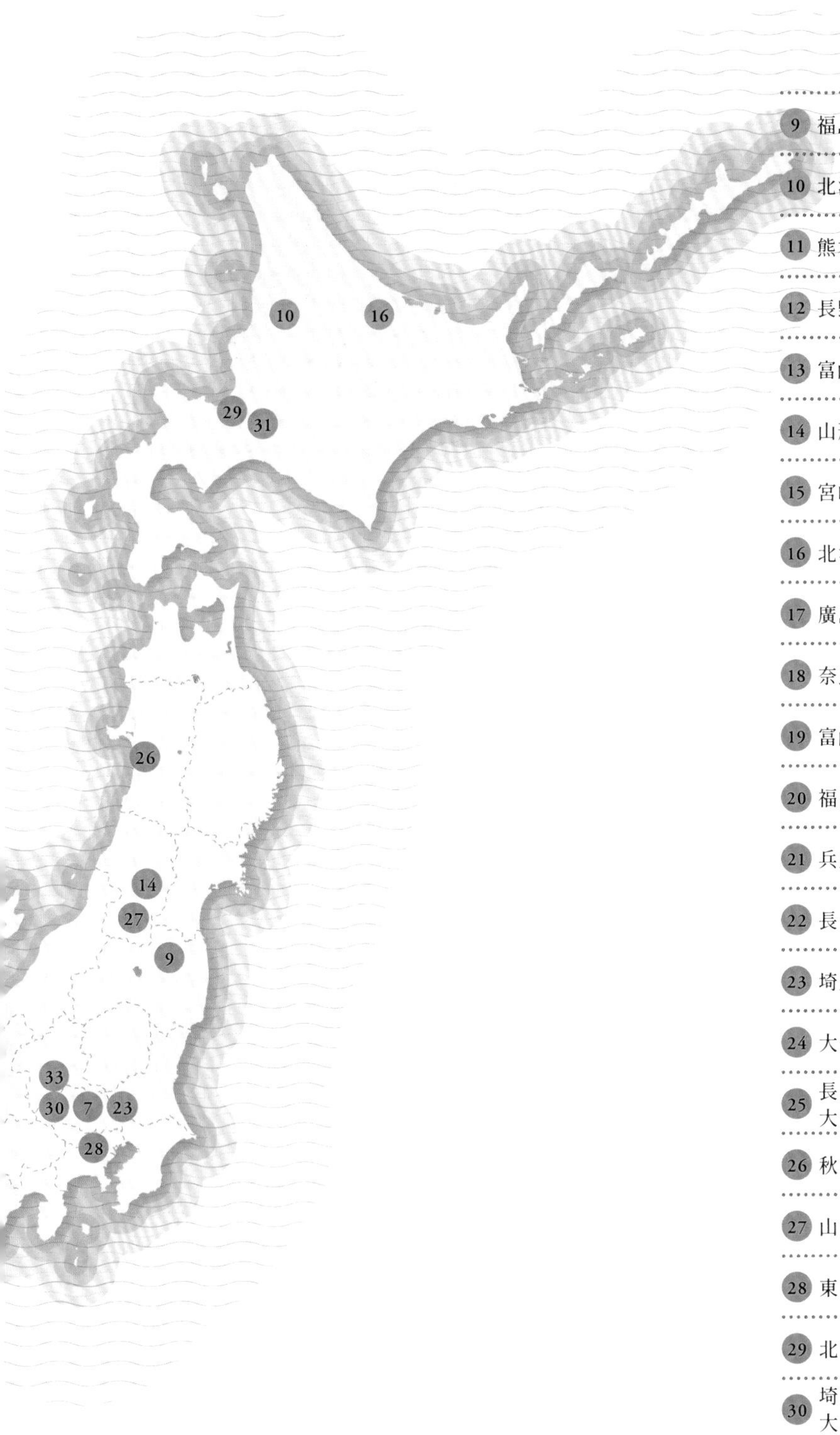

9 福島／紅寶石之丘 P.108

10 北海道／幌加內蕎麥田 P.109

11 熊本／波野蕎麥花公園 P.109

12 長野／戸隠展望苑 P.109

13 富山／IOX-AROSA P.110

14 山形／面白山高原波斯菊伯格 P.110

15 宮崎／生駒高原 P.111

16 北海道／太陽之丘遠輕公園 P.111

17 廣島／花之驛世羅 P.112

18 奈良／藤原宮遺址 P.113

19 富山／礪波夢之平秋櫻觀賞 P.113

20 福井／宮之下大波斯菊廣苑 P.114

21 兵庫／清住大波斯菊園 P.114

22 長崎／島原火張山花公園 P.114

23 埼玉／鴻巢市大波斯菊節 P.114

24 大分／三光大波斯菊園 P.115

25 長崎／自然干陸地大波斯菊花海 P.115

26 秋田／秋田國際大理花園 P.116

27 山形／山形川西大理花園 P.116

28 東京／町田大理花園 P.117

29 北海道／百合之原公園 P.117

30 埼玉／兩神山麓花之郷大理花園 P.117

31 北海道／由仁花園 P.118

32 滋賀／琵琶湖箱館山 P.118

33 群馬／櫻山公園 P.119

34 愛知／小原四季櫻祭 P.119

彼岸花

熱情、期待再相逢

愛知

稗田川

ひえたがわ

愛知縣高濱市向山町1丁目208-2八反田公園附近 ● 往年花期／9月上旬～9月下旬 ● 停車場／臨時停車場有 ● 交通方式／從名鐵三河高濱站搭巴士，於高取公民館下車，再步行約2分鐘 ● MAP／1

粉紅色和黃色的花是石蒜花，開花時間比被稱為彼岸花的紅色石蒜花早一點。粉紅色、黃色、紅色的花朵會交替開花，因此每天的風景顏色都會變化。

photo by @hiromitravel

photo by @risa__918

鹿兒島

伊佐市大口大田彼岸花

伊佐市大口大田のヒガンバナ

鹿兒島縣伊佐市大口大田1403 ● 往年花期／9月中旬～9月下旬 ● 停車場／有少量臨時停車位 ● MAP／2

岐阜

津屋川堤防

つやがわていぼう

岐阜縣海津市南濃町津屋 ● 總數／10萬株 ● 往年花期／9月中旬～10月上旬 ● 停車場／有 ● 交通方式／從養老鐵道美濃津屋站步行約10分鐘 ● MAP／3

photo by @hanatorig3

愛媛

窪野町
彼岸花群生地

くぼのちょうひがんばなぐんせいち

愛媛縣松山市窪野町北谷地區 ● 往年花期／9月中旬～9月下旬 ● 停車場／無 ● MAP／4

這是一個由當地居民自行打造並維護的群生地。在寧靜的山間悄悄染上一片艷紅的景色，美到令人屏息。該處沒有停車場，前往參觀時務必留意。

photo by @alchemist0709

photo by @hiromitravel

愛知

矢勝川

やかちがわ

愛知縣半田市岩滑西町1-10-1 ●總數／300萬株 ●往年花期／9月中旬～10月上旬 ●交通方式／從名鐵半田口站步行約20分鐘（至主要會場）●MAP／5

photo by @ta_wa_d

長崎

社之丘花園

やしろがおかはなえん

長崎縣長崎市琴海戸根町 ●總數／約20萬株 ●往年花期／9月中旬～9月下旬 ●停車場／無 ●交通方式／從JR長崎站搭巴士，於戸根橋下車，再步行約5分鐘 ●MAP／6

photo by @n_hideko

埼玉

巾著田

きんちゃくだ

埼玉縣日高市高麗本郷125-2 ●總數／500萬株 ●往年花期／9月中旬～10月上旬 ●停車場／有 ●交通方式／從西武高麗站步行約15分鐘 ●MAP／7

蕎麥花

Buckwheat

懷念的回憶、
喜悅與悲傷

photo by @riemi4760

長野

紅蕎麥之鄉

赤そばの里

長野縣上伊那郡箕輪町中箕輪 ● 栽種面積／4.2ha ● 往年花期／9月下旬～10月上旬 ● 停車場／有 ● 交通方式／從JR伊那松島站搭計程車約15分鐘 ● MAP／8

photo by @aug4_ackey_x8i

福島

紅寶石之丘

ルビーの丘

福島縣二本松市下川崎 ● 栽種面積／2ha ● 往年花期／9月下旬～10月中旬 ● 停車場／有 ● MAP／9

北海道

幌加內蕎麥田

幌加内そば畑

北海道雨龍郡幌加內町 ● 栽種面積／3,200ha（日本一） ● 往年花期／7月中旬～8月中旬 ● 停車場／有 ● MAP／10

熊本

波野 蕎麥花公園

波野そばの花公園

熊本縣阿蘇市波野大字波野 ● 總數／700萬株 ● 往年花期／9月中旬～9月下旬 ● 停車場／有 ● 交通方式／從JR波野站步行約10分鐘 ● MAP／11

長野

戶隱展望苑

とがくしてんぼうえん

長野縣長野市戶隱豐岡 ● 往年花期／7月上旬～7月中旬、8月下旬～9月上旬 ● 停車場／有 ● MAP／12

photo by pekoyukitty

富山

IOX-AROSA

いおっくす.あろーざ

富山縣南礪市才川七字SUSUKE原115 ● 往年花期/9月上旬～9月下旬 ● 停車場/有 ● MAP/13

山形

面白山高原波斯菊伯格

面白山高原コスモスベルグ

山形縣山形市大字山寺字面白山 ● 栽種面積/約5ha ● 往年花期/9月上旬～9月下旬 ● 停車場/有 ● 交通方式/從JR面白山高原站步行約10分鐘 ● MAP/14

宮崎

生駒高原
いこまこうげん

宮崎縣小林市南西方8565 ● 總數／100萬株 ● 往年花期／10月上旬～10月下旬 ● 停車場／有 ● MAP／15

北海道

太陽之丘遠輕公園
太陽の丘えんがる公園

北海道紋別郡遠輕町丸大70-1 ● 總數／1,000萬株 ● 往年花期／8月下旬～9月下旬 ● 停車場／有 ● MAP／16

大波斯菊

Cosmos

少女的純潔、真心

廣島

花之驛世羅

花の駅せら

廣島縣世羅郡世羅町黑渕權現山413-20 ●總數／200萬株 ●往年花期／10月上旬～10月下旬 ●停車場／有 ●MAP／17

在這個絕景景點，可以欣賞到大波斯菊及其後方堪稱晚秋代表景物的雲海和山頂日出。園區內還有三色堇、百合、一串紅等，一年四季都盛開著各式各樣的花卉。

photo by @motohi.19

奈良

藤原宮遺址

ふじわらきゅうせき

奈良縣橿原市醍醐町 ● 總數／300萬株 ● 往年花期／10月上旬～10月下旬 ● 停車場／有 ● 交通方式／從近鐵大和八木站搭巴士，於橿原市藤原京資料室前下車，再步行約4分鐘 ● MAP／18

富山

礪波夢之平 秋櫻觀賞

となみ夢の平コスモスウォッチング

富山縣礪波市五谷字源谷22 ● 總數／100萬株 ● 往年花期／10月上旬～10月中旬 ● 停車場／有 ● MAP／19

photo by @ cmasac

福井

宮之下
大波斯菊廣苑

宮ノ下コスモス広苑

福井縣福井市江上町●總數／1億株●往年花期／10月上旬～10月中旬●停車場／有●交通方式從JR福井站前搭巴士，於福井醫療技術專門學校前下車，再步行約10分鐘●MAP／20

photo by toshihiro7183

兵庫

清住
大波斯菊園

清住コスモス園

兵庫縣丹波市冰上町清住、達身寺周邊●栽種面積／約7ha●往年花期／9月下旬～10月中旬●停車場／有●MAP／21

photo by greengrass523

長崎

島原
火張山花公園

しまばら火張山花公園

長崎縣島原市上折橋町●總數／1,000萬株●往年花期／10月上旬～11月中旬●停車場／有●MAP／22

埼玉

鴻巣市
大波斯菊節

鴻巣市コスモスフェスティバル

埼玉縣鴻巣市明用636-1（大波斯菊舞台吹上周邊）●敷地面積／8.8ha●總數／1,000萬株●往年花期／10月中旬～10月下旬●停車場／有●交通方式／JR吹上站有接駁巴士●MAP／23

photo by ovzirom

大分

三光 大波斯菊園

三光コスモス園

大分縣中津市三光●栽種面積／16ha●總數／2,800萬株●往年花期／10月中旬～10月下旬●停車場／有●交通方式／從JR中津站搭計程車約30分鐘●MAP／24

長崎

自然干陸地 大波斯菊花海

自然干陸地フラワーゾーン

長崎縣諫早市高來町富地戶地區●總數／300萬株●往年花期／10月中旬～10月下旬●停車場／有●交通方式／從JR諫早站搭計程車約20分鐘●MAP／25

photo by ta_wa_d

大理花

Dahlia

華麗、優雅

photo by @hana_emi_moko

秋田

秋田國際大理花園

秋田国際ダリア園

秋田縣秋田市雄和妙法字糠塚21 ●總數／7,000株 ●往年花期／9月中旬～10月中旬 ●停車場／有 ●交通方式／從秋田機場搭計程車約10分鐘 ●MAP／26

山形

山形川西大理花園

やまがた川西ダリア園

山形縣東置賜郡川西町大字上小松5095-11 ●總數／10萬株 ●往年花期／9月中旬～10月中旬 ●停車場／有 ●交通方式／從JR米澤站搭計程車約30分鐘 ●MAP／27

photo by @kawanishi_dahlia_park

photo by @m_fleur

東京

町田大理花園

町田ダリア園

東京都町田市山崎町1213-1 ● 總數／約4,000株 ● 往年花期／7月上旬～7月下旬、9月下旬～10月下旬 ● 交通方式／從JR或小田急町田站搭巴士，於今井谷戶下車，再步行約10分鐘 ● 停車場／有 ● MAP／28

photo by @mykky3776

北海道

百合之原公園

ゆりがはらこうえん

北海道札幌市北區百合之原公園210番地 ● 總數／1,000株 ● 往年花期／9月上旬～10月中旬 ● 停車場／有 ● 交通方式／從市營地下鐵麻生站搭巴士，於百合之原公園前下車，再步行約2分鐘 ● MAP／29

埼玉

兩神山麓花之鄉大理花園

両神山麓花の郷ダリア園

埼玉縣秩父郡小鹿野町兩神薄8160-1附近 ● 總數／5,000株 ● 往年花期／9月上旬～10月下旬 ● 停車場／有 ● 交通方式／從西武秩父站搭巴士，於兩神山麓花之鄉大理花園下車 ● MAP／30

掃帚草

Summer Cypress

幸福的生活、夫妻圓滿

photo by @bleuet0530

photo by @ aoi_favorite37

北海道

由仁花園

ゆにガーデン

北海道夕張郡由仁町伏見134-2 ● 總數／32,000株 ● 往年花期／8月中旬～10月下旬 ● 停車場／有 ● 交通方式／從JR由仁站搭計程車約5分鐘 ● MAP／31

滋賀

琵琶湖箱館山

びわこ箱館山

滋賀縣高島市今津町日置前 ● 往年花期／9月上旬～11月中旬 ● 停車場／有 ● 交通方式／從JR近江今津站搭巴士，於箱館山下車 ● MAP／32

群馬

櫻山公園

さくらやまこうえん

群馬縣藤岡市三波川2166-1 ● 總數／7,000棵 ● 往年花期／11月中旬～12月上旬 ● 停車場／有 ● MAP／33

愛知

小原四季櫻祭

おばらしきざくらまつり

愛知縣豊田市小原町孫八456 ● 總數／約1萬株 ● 往年花期／11月中旬～12月上旬 ● 停車場／有 ● 交通方式／從名鐵豊田市站搭巴士，於上仁木下車 ● MAP／34

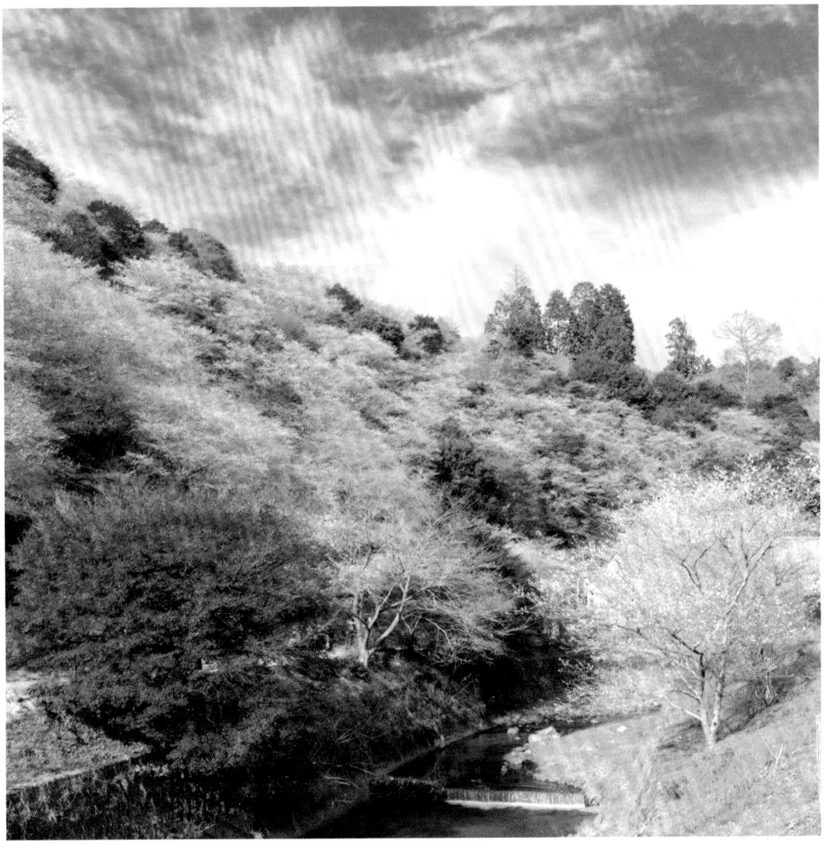

photo by maichin_lucky

香 Fragrant Winter 冬

1 福井／越前水仙梨子平台地 P.122
2 兵庫／灘黒岩水仙郷 P.123
3 静岡／爪木崎公園 P.123
4 長崎／野母崎水仙祭 P.124
5 埼玉／寶登山蠟梅園 P.125
6 群馬／蠟梅之郷 P.125
7 東京／府中市郷土之森博物館 P.126
8 神奈川／松田町寄蠟梅園 P.126
9 東京／伊豆大島椿花花園 P.127
10 山口／笠山椿群生林 P.127
11 兵庫／綾部山梅林 P.128
12 群馬／箕郷梅林 P.129
13 和歌山／南部梅林 P.129
14 神奈川／曽我梅林 P.129
15 三重／員弁市農業公園 P.130
16 奈良／賀名生梅林 P.131
17 三重／鈴鹿之森庭園 P.132
18 静岡／大草山昇龍垂枝梅園 P.132
19 京都／城南宮 P.133
20 静岡／河津櫻路樹 P.134
21 静岡／南方的櫻花與油菜花祭 P.134
22 三重／笠松河津櫻之路 P.135
23 神奈川／西平畑公園 P.135
24 静岡／東大山河津櫻祭 P.135
25 埼玉／北淺羽櫻堤公園 P.136
26 沖繩／八重岳 P.136

水仙

Narcissus

自戀、神祕、崇高

福井

越前水仙
梨子平台地

えちぜんすいせん
なしがだいらだいち

福井縣丹生郡越前町梨子平 ● 往年花期／12月下旬～1月下旬 ● 交通方式／從JR福井站搭巴士，於左右下車，再步行約20分鐘 ● MAP／1

這裡與千葉縣的房總半島、兵庫縣的淡路島並列為日本三大群生地，面積為全日本第一。群生地多位於海岸邊，統稱為越前水仙。

photo by @mirumu22

兵庫

灘黒岩水仙郷
なだくろいわすいせんきょう

兵庫縣南淡路市灘黒岩2 ● 總數／500萬株 ● 往年花期／1月中旬～2月中旬 ● 停車場／有 ● MAP／2

靜岡

爪木崎公園
つめきざきこうえん

靜岡縣下田市須崎 ● 總數／300萬株 ● 往年花期／12月下旬～1月下旬 ● 停車場／有 ● 交通方式／從伊豆急行下田站搭巴士，於爪木崎下車 ● MAP／3

長崎

野母崎
水仙祭

のもざき水仙まつり

長崎縣長崎市野母町 ● 總數／1,000萬株 ● 往年花期／1月上旬～1月下旬 ● 停車場／有 ● 交通方式／從JR長崎站搭巴士，於長崎野母崎恐龍公園前下車，再步行約2分鐘 ● MAP／4

視線所及的360度範圍內，開滿多達1,000萬株美麗的水仙花。登上高台還可以遠眺海上的世界遺產軍艦島，是個視野極佳的景點。

photo by @kohastagram.643

蠟梅

Winter Sweet

慈愛、遠見

埼玉

寶登山蠟梅園

宝登山ロウバイ園

埼玉縣秩父郡長瀞町長瀞1766-1 ● 總數／3,000棵 ● 往年花期／1月下旬～2月下旬 ● 停車場／有 ● 交通方式／從秩父鐵道長瀞站步行約15分鐘，搭乘寶登山纜車，再步行約2分鐘 ● MAP／5

群馬

蠟梅之鄉

ろうばいの郷

群馬縣安中市松井田町上增田地區 ● 總數／12,000株 ● 往年花期／1月中旬～2月上旬 ● 停車場／有 ● 交通方式／從JR西松井田站搭計程車約10分鐘 ● MAP／6

photo by @shun.photography_

東京

府中市 鄉土之森 博物館

ふちゅうしきょうどのもり はくぶつかん

東京都府中市南町6-32 ● 總數／約130棵 ● 往年花期／1月上旬～1月下旬 ● 停車場／有 ● 交通方式／從JR分倍河原站或京王電鐵分倍河原站搭巴士，於鄉土之森正門前下車 ● MAP／7

神奈川

松田町寄 蠟梅園

松田町寄ロウバイ園

神奈川縣足柄上郡松田町寄3415 ● 總數／2萬株 ● 往年花期／1月中旬～2月下旬 ● 停車場／有 ● 交通方式／從小田急電鐵新松田站搭巴士，於寄下車，再步行約8分鐘 ● MAP／8

photo by @jj6363jj

山茶花

Camellia

低調的美

東京

伊豆大島
椿花花園

伊豆大島椿花ガーデン

東京都大島町元町字津倍付41-1 ● 總數／2,000棵 ● 往年花期／2月中旬～4月上旬 ● 停車場／有 ● 交通方式／從伊豆大島元町港、岡田港搭巴士，於椿花花園下車 ● MAP／9

山口

笠山椿群生林

かさやまつばきぐんせいりん

山口縣萩市椿東越濱虎崎周邊 ● 總數／約25,000棵 ● 往年花期／2月中旬～3月下旬 ● 停車場／有 ● 交通方式／從防長交通萩巴士中心或JR東萩站搭巴士，於越濱下車，再步行約40分鐘 ● MAP／10

兵庫

綾部山梅林

あやべやまばいりん

兵庫縣龍野市御津町黑崎1492 ● 植栽面積／24ha ● 往年花期／2月下旬～3月上旬 ● 停車場／有 ● 交通方式／JR網干站和山陽電鐵網干站有臨時巴士 ● MAP／11

梅樹以梯田狀種植，據說一眼就能看見兩萬棵，還能將彼端的瀨戶內海盡收眼底，堪稱絕景景點。這座梅林同時也是綾部山古墳群的所在，範圍內能看到16座古墳。

梅

Plum Blossoms

艷麗、清高的心

photo by ◎odekakephoto7

群馬

箕郷梅林

みさとばいりん

群馬縣高崎市箕郷町善地、富岡 ● 總數／約10萬株 ● 往年花期／3月上旬～3月下旬 ● 停車場／有 ● 交通方式／從JR高崎站搭巴士，於箕郷營業所下車，再搭計程車約5分鐘 ● MAP／12

和歌山

南部梅林

みなべばいりん

和歌山縣日高郡南部町晚稻地區區 ● 總數／8萬株 ● 往年花期／2月上旬～2月下旬 ● 停車場／有 ● 交通方式／JR南部站有期間限定巴士 ● MAP／13

神奈川

曽我梅林

そがばいりん

神奈川縣小田原市曾我別所 ● 總數／約35,000棵 ● 往年花期／2月上旬～2月下旬 ● 停車場／有 ● 交通方式／從JR下曾我站步行約15分鐘 ● MAP／14

三重

員辨市 農業公園

いなべ市農業公園

三重縣員辨市藤原町鼎3071 ● 總數／4,000棵以上 ● 往年花期／3月上旬～3月下旬 ● 停車場／有 ● MAP／15

可以由上往下一覽紅白相間的4,000棵梅樹而一舉成名的地方。因與鈴鹿山脈相連，有些時期還可以欣賞到梅花與殘雪群山互相輝映的景色。

奈良

賀名生梅林

あのうばいりん

奈良縣五條市西吉野町北曾木 ● 總數／2萬株 ● 往年花期／2月下旬～3月上旬 ● 停車場／有 ● 交通方式／從JR五條站或近鐵大和八木站搭巴士，於賀名生和田北口下車；或以其他方式前往 ● MAP／16

梅花開滿整片山坡，彷彿覆蓋住山間村落的雲海。山坡沿路都有鋪設好的道路，在梅林內走一圈約是5.5km，適合早春健行。

photo by @atsushi_portfolio

photo by @rinrin7281

photo by @yudy1220

三重

鈴鹿之森庭園

すずかのもりていえん

三重縣鈴鹿市山本町151-2 ● 總數／約200棵 ● 往年花期／2月下旬～3月上旬 ● 停車場／有 ● 交通方式／JR或近鐵四日市站有臨時巴士 ● MAP／17

靜岡

大草山昇龍垂枝梅園

大草山昇竜しだれ梅園

靜岡縣濱松市西區吳松町1511大草莊飯店附近 ● 總數／350棵 ● 往年花期／2月下旬～3月上旬 ● 停車場／有 ● 交通方式／從JR濱松站搭巴士，於動物園下車，再步行約20分鐘 ● MAP／18

photo by @kt_lv_mint

京都

城南宮

じょうなんぐう

京都府京都市伏見區中島鳥羽離宮町7番地 ● 總數／150棵 ● 往年花期／2月中旬～3月上旬 ● 停車場／有 ● 交通方式／從JR京都站搭巴士，於城南宮下車，再步行約2分鐘 ● MAP／19

神苑內150棵粉紅色的垂枝梅，和150個品種、400棵山茶花接連綻放。落在青苔上的山茶花和垂枝梅爭妍鬥豔的畫面，被評為報春絕景。

photo by @daichi_xa1

靜岡

河津櫻路樹

河津桜並木

靜岡縣賀茂郡河津町 ● 總數／河川沿岸850棵，町內總計8,000棵 ● 往年花期／2月上旬～2月下旬 ● 停車場／有 ● 交通方式／從伊豆急行河津站步行約6分鐘 ● MAP／20

靜岡

南方的櫻花與油菜花祭

みなみの桜と菜の花まつり

靜岡縣賀茂郡南伊豆町下賀茂157-1 ● 總數／800棵 ● 往年花期／2月上旬～3月上旬 ● 停車場／有 ● 交通方式／從伊豆急行下田站搭巴士，於南伊豆下車 ● MAP／21

photo by @popohau_liko

photo by @yamatomo121

三重

笠松 河津櫻之路

笠松河津桜ロード

三重縣松阪市笠松町 ● 總數／約350棵 ● 往年花期／2月中旬～3月上旬 ● 停車場／有 ● 交通方式／從近鐵伊勢中川站或JR松阪站搭巴士，於三雲地域振興局下車，再步行約30分鐘 ● MAP／22

photo by @popohau_liko

神奈川

西平畑公園

にしひらはたけこうえん

神奈川縣足柄上郡松田町松田惣領2951 ● 總數／約360棵 ● 往年花期／2月中旬～3月上旬 ● 停車場／有 ● 交通方式／JR松田站有接駁巴士 ● MAP／23

photo by @yurino_291012

静岡

東大山 河津櫻祭

ひがしおおやま かわづざくらまつり

靜岡縣濱松市西區大山町、花川堤防沿線 ● 總數／約400棵 ● 往年花期／2月中旬～3月上旬 ● 停車場／有 ● MAP／24

寒櫻

Winter Cherry Blossoms

反覆無常

photo by @serenadepink

埼玉

北淺羽櫻堤公園

きたあさばさくらづつみこうえん

埼玉縣坂戶市北淺羽673番地往前 ● 總數／約200棵 ● 往年花期／3月中旬～3月下旬 ● 停車場／有 ● 交通方式／從東武鐵道北坂戶站搭巴士，於今西下車，再步行約10分鐘 ● MAP／25

沖繩

八重岳

やえだけ

沖繩縣國頭郡本部町八重岳 ● 總數／約7,000棵以上 ● 往年花期／1月中旬～2月上旬 ● 停車場／有 ● MAP／26

山櫻花

Taiwan Cherry Blossoms

艷麗的美人

想一去再去

群芳爭艷的名勝導覽

The flowers overflowing sightseeing guide

1 國營公園的花田 P.138

2 夏天的美瑛／富良野 P.150

3 當地花卉公園 P.158

壯觀的花田連綿不絕！

國營公園的花田

National Government Parks

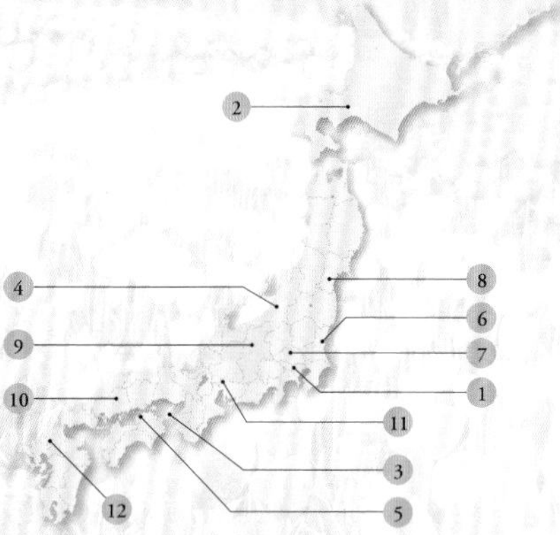

1 東京／國營昭和記念公園 P.138
2 北海道／國營瀧野鈴蘭丘陵公園 P.140
3 兵庫／淡路島國營明石海峽公園 P.141
4 新潟／國營越後丘陵公園 P.141
5 香川／國營讚岐滿濃公園 P.142
6 茨城／國營常陸海濱公園 P.143
7 埼玉／國營武藏丘陵森林公園 P.144
8 宮城／國營陸奧之杜湖畔公園 P.146
9 長野／國營阿爾卑斯安曇野公園 P.146
10 廣島／國營備北丘陵公園 P.147
11 愛知／國營木曾三川公園138塔公園 P.148
12 福岡／國營海之中道海濱公園 P.149

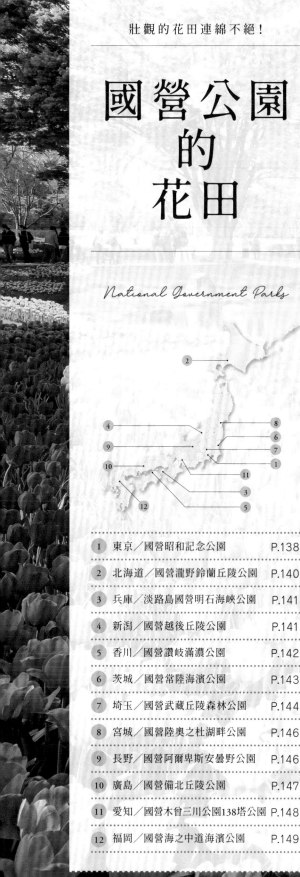

東京

國營
昭和記念公園

こくえいしょうわきねんこうえん

東京都立川市綠町3173 ● 主要花卉往年花期／鬱金香4月上旬～4月中旬；雪莉罌粟5月中旬～5月下旬；向日葵7月中旬～8月中旬；大波絲菊9月中旬～10月下旬 ● 停車場／有 ● 交通方式／從JR西立川站步行約2分鐘 ● MAP／1

photo by @ shun.photography_

北海道

國營瀧野
鈴蘭丘陵公園

国営滝野すずらん丘陵公園

北海道札幌市南區瀧野247番地 ● 主要花卉往年花期／鬱金香5月下旬～6月上旬；鈴蘭5月下旬～6月上旬；大波斯菊9月中旬～9月下旬；掃帚草（從綠葉到紅葉）7月中旬～10月下旬 ● 停車場／有 ● 交通方式／從市營地下鐵真駒內站搭巴士，於鈴蘭公園東口下車 ● MAP／2

photo by @ 93kumi93

兵庫

淡路島
國營明石海峽公園

あわじしま
こくえいあかしかいきょうこうえん

兵庫縣淡路市夢舞台8-10 ● 主要花卉往年花期／冬油菜1月中旬～2月上旬；鬱金香3月下旬～4月中旬；彩虹菊4月下旬～5月上旬；向日葵7月下旬～8月中旬；大波斯菊10月上旬～11月上旬 ● 停車場／有 ● 交通方式／從JR三宮站搭巴士，於夢舞台前下車，再步行約3分鐘 ● MAP／3

新潟

國營越後丘陵公園

こくえいえちごきゅうりょうこうえん

新潟縣長岡市宮本東方町字三又1950番1 ● 主要花卉往年花期／鬱金香4月下旬～5月上旬；玫瑰（春）5月下旬～6月中旬；紫陽花6月中旬～7月上旬；大波斯菊9月下旬～10月下旬 ● 停車場／有 ● 交通方式／從JR長岡站搭巴士，於越後丘陵公園下車 ● MAP／4

香川

國營 讚岐滿濃公園

国営讃岐まんのう公園

香川縣仲多度郡滿濃町吉野4243-12 ● 主要花卉往年花期／鬱金香4月上旬～4月中旬；粉蝶花4月中旬；掃帚草（從綠葉到小麥色）7月中旬～10月下旬；大波斯菊9月下旬～10月上旬 ● 停車場／有 ● 交通方式／從JR琴平站或琴電琴平站搭巴士，於滿濃公園口下車，再步行約30分鐘 ● MAP／5

photo by 2k_cameralife

茨城

國營
常陸海濱公園

国営ひたち海浜公園

茨城縣常陸那珂市馬渡字大沼605-4 ● 主要花卉往年花期／鬱金香4月中旬～4月下旬；粉蝶花4月中旬～5月上旬；掃帚草（從綠葉到金黃色）7月中旬～10月下旬；大波斯菊10月上旬～10月中旬 ● 停車場／有 ● 交通方式／從JR勝田站搭巴士，於海濱公園西口下車；或以其他方式前往 ● MAP／6

photo by @ sugiponga

埼玉

國營武藏丘陵森林公園

こくえいむさしきゅうりょう
しんりんこうえん

埼玉縣比企郡滑川町山田1920 ● 主要花卉往年花期／梅花2月中旬～3月上旬；魯冰花4月下旬～5月中旬；山百合7月中旬～7月下旬；青葙9月上旬～10月中旬 ● 停車場／有 ● 交通方式／從東武東上線森林公園站或JR熊谷站搭巴士，於滑川中學校（南口）或森林公園西口下車 ● MAP／7

宮城

國營陸奧之杜湖畔公園

国営みちのく杜の湖畔公園

宮城縣柴田郡川崎町小野二本松53-9 ● 主要花卉往年花期／油菜花4月下旬～5月中旬；雪莉罌粟5月下旬～6月中旬；掃帚草（從綠葉到紅葉）7月上旬～11月上旬；黃波斯菊9月中旬～10月上旬 ● 停車場／有 ● 交通方式／從JR仙台站搭巴士，於陸奧公園下車 ● MAP／8

長野

國營阿爾卑斯安曇野公園

国営アルプスあづみの公園

長野縣安曇市堀金烏川33-4（堀金、穗高地區） ● 主要花卉往年花期／鬱金香4月中旬～5月上旬；油菜花4月下旬～5月上旬；非洲鳳仙花7月中旬～9月中旬；黃波斯菊9月上旬～9月下旬 ● 停車場／有 ● 交通方式／從JR穗高站搭巴士，於國營阿爾卑斯安曇野公園下車；或以其他方式前往 ● MAP／9

photo by @ pure_photomagic

廣島

國營
備北丘陵公園

こくえいびほくきゅうりょうこうえん

廣島縣庄原市三日市町 ● 主要花卉往年花期／水仙花3月下旬～4月上旬；鬱金香4月中旬～下旬；粉蝶花4月下旬～5月上旬；大波斯菊10月上旬～中旬 ● 停車場／有 ● 交通方式／從JR七塚站步行約20分鐘；或以其他方式前往 ● MAP／10

photo by @ michi430n

愛知

國營木曾三川公園 138塔公園

国営木曾三川公園
138タワーパーク

愛知縣一宮市光明寺字浦崎21-3 ● 主要花卉往年花期／粉蝶花4月中旬～5月中旬；雪莉罌粟4月下旬～5月中旬；玫瑰5月中旬～6月上旬；大波斯菊10月上旬～10月下旬 ● 停車場／有 ● 交通方式／從名鐵一宮站或JR尾張一宮站搭巴士，於138塔公園下車；或以其他方式前往 ● MAP／11

photo by @ pcx758

福岡

國營
海之中道海濱公園

こくえいうみのなかみちかいひんこうえん

福岡縣福岡市東區大字西戶崎18-25 ● 主要花卉往年花期／櫻花3月下旬～4月上旬；粉蝶花4月上旬～4月下旬；玫瑰（春）5月上旬～5月下旬；大波斯菊10月中旬～10月下旬 ● 停車場／有 ● 交通方式／從JR海之中道站步行即達 ● MAP／12

photo by @ nico__0205

追尋花田新天地

夏天的美瑛／富良野

Biei & Furano

1 富田農場 P.150
2 菅野農場 P.152
3 亞斗夢之丘 P.152
4 Flower Land上富良野 P.153
5 四季彩之丘 P.154
6 日出公園薰衣草花田 P.156
7 ORUTE HILL P.157
8 金山湖森林公園 P.157

富田農場

ファーム富田

北海道空知郡中富良野町基線北15號 ● 7、8月可以看到的花／薰衣草6月下旬～7月下旬；罌粟花7月中旬～7月下旬；金魚草6月上旬～9月下旬；青葙6月上旬～9月下旬等 ● 停車場／有 ● 交通方式／從JR中富良野站步行約25分鐘；或以其他方式前往 ● List／1

photo by @ maichin_lucky

菅野農場

かんのファーム

北海道空知郡上富良野町西12線北36號 ● 7、8月可以看到的花／薰衣草6月下旬～7月下旬；一串紅6月下旬～9月下旬；大理花6月下旬～9月下旬；金盞花6月下旬～9月下旬 ● 停車場／有 ● 交通方式／從JR美馬牛站步行約20分鐘 ● List／2

亞斗夢之丘

ぜるぶの丘

北海道上川郡美瑛町大三 ● 7、8月可以看到的花／薰衣草6月下旬～7月下旬；向日葵7月上旬～7月下旬；一串紅6月上旬～9月下旬；碧冬茄6月上旬～9月下旬等 ● 停車場／有 ● 交通方式／從JR美瑛站搭計程車約5分鐘 ● List／3

Flower Land
上富良野
フラワーランドかみふらの

北海道空知郡上富良野町西5線北27號 ● 7、8月可以看到的花／薰衣草7月上旬～7月下旬；金盞花7月中旬～9月中旬；百日草8月上旬～8月下旬；一串紅7月中旬～9月中旬等 ● 停車場／有 ● 交通方式／從JR上富良野站搭計程車約10分鐘 ● List／4

photo by @ mintchoco4928

四季彩之丘

しきさいのおか

北海道上川郡美瑛町新星第三 ● 7、8月可以看到的花／魯冰花7月中旬～8月上旬；一串紅7月上旬～9月下旬；金魚草6月中旬～7月下旬；紫羅蘭7月上旬～8月下旬等 ● 停車場／有 ● 交通方式／從JR美馬牛站步行約25分鐘 ● List／5

日出公園
薰衣草花田

日の出公園ラベンダー園

北海道空知郡上富良野町東1線北27號 ● 7、8月可以看到的花／薰衣草7月上旬～7月下旬；貓薄荷6月中旬～7月上旬 ● 停車場／有 ● 交通方式／從JR上富良野站步行約15分鐘 ● List／6

photo by @ pucchii_k

ORUTE HILL
（因為農場主人身體欠佳，已於2023/10閉園）

オルテの丘

北海道上川郡美瑛町水澤清水丘 ● 7、8月可以看到的花／薰衣草7月上旬～8月上旬；白芥7月上旬～7月中旬；向日葵8月中旬～8月下旬 ● 停車場／有 ● List／7

金山湖森林公園

かなやま湖森林公園

北海道空知郡南富良野町字東鹿越 ● 7、8月可以看到的花／薰衣草7月下旬～8月上旬 ● 停車場／有 ● 交通方式／從JR東鹿越站步行約35分鐘 ● List／8

photo by @ 93kumi93

photo by @ kanchan000

一年四季都想造訪

當地花卉公園

Local Flower Parks

1 兵庫／淡路花棧敷 P.158

2 千葉／東京德國村 P.160

3 栃木／那須花卉世界 P.161

4 三重／名花之里 P.162

5 静岡／濱松花卉公園 P.162

6 鳥取／鳥取花迴廊 P.164

7 大分／久住花公園 P.165

8 廣島／世羅高原農場 P.166

9 福岡／能古島海島公園 P.167

10 宮城／藥來花園 P.168

兵庫

淡路花棧敷

あわじ花さじき

兵庫縣淡路市楠本2805-7 ● 主要花卉往年花期／油菜花1月上旬～4月中旬；向日葵7月下旬～8月中旬；大波斯菊10月中旬～11月上旬；紫羅蘭11月中旬～2月下旬 ● 停車場／有 ● 交通方式／從西日本JR巴士東浦總站巴士招呼站搭計程車約10分鐘 ● MAP／1

photo by @ kazunobu_camera

東京德國村

東京ドイツ村

千葉縣袖浦市永吉419 ●主要花卉往年花期／罌粟花4月下旬～5月中旬；百合花5月中旬～7月中旬；青葙9月下旬～11月下旬；菊花10月下旬～11月中旬 ●停車場／有 ●交通方式／從JR千葉站搭巴士，於東京德國村下車 ●MAP／2

栃木

那須
花卉世界

那須フラワーワールド

栃木縣那須郡那須町大字豐原丙字那須道下5341-1 ● 主要花卉往年花期／姬金魚草4月下旬～5月下旬；魯冰花5月中旬～6月中旬；金針花7月上旬～8月上旬；青葙8月下旬～10月下旬 ● 停車場／有 ● MAP／3

三重

名花之里

なばなの里

三重縣桑名市長島町駒江漆畑270 ● 主要花卉往年花期／垂枝梅2月下旬～3月中旬；鬱金香3月下旬～4月中旬；大波斯菊9月下旬～10月下旬；秋海棠全年 ● 停車場／有 ● 交通方式／名古屋站名鐵巴士中心有直達巴士 ● MAP／4

靜岡

濱松花卉公園

はままつフラワーパーク

三重

名花之里

なばなの里

靜岡

濱松花卉公園

はままつフラワーパーク

靜岡縣濱松市西區館山寺町195 ● 主要花卉往年花期／鬱金香3月下旬～4月中旬；多花紫藤4月下旬～5月上旬；向日葵8月上旬；大波斯菊9月下旬～10月下旬 ● 停車場／有 ● 交通方式／從JR濱松站搭巴士，於花卉公園下車● MAP／5

鳥取花迴廊

とっとり花回廊

鳥取縣西伯郡南部町鶴田110 ● 主要花卉往年花期／冰島罌粟花4月中旬～5月中旬；一串紅9月下旬～11月上旬；大波斯菊9月下旬～10月下旬；百合花全年 ● 停車場／有 ● 交通方式／JR米子站有免費接駁巴士 ● MAP／6

久住花公園

くじゅう花公園

大分縣竹田市久住町4050 ● 主要花卉往年花期／粉蝶花5月上旬～5月下旬；罌粟花5月上旬～5月下旬；向日葵8月中旬；一串紅9月下旬～10月下旬 ● 停車場／有 ● MAP／7

世羅高原農場

せらこうげんのうじょう

廣島縣世羅郡世羅町別迫1124-11 ● 主要花卉往年花期／櫻花4月上旬；鬱金香4月下旬～5月上旬；向日葵8月上旬～8月中旬；大理花、盆菊9月下旬～10月下旬 ● 停車場／有 ● 交通方式／從JR備後三川站搭計程車約15分鐘 ● MAP／8

福岡

能古島
海島公園

のこのしまアイランドパーク

福岡縣福岡市西區能古島 ● 主要花卉往年花期／油菜花2月下旬～4月中旬；彩虹菊3月下旬～5月上旬；向日葵7月下旬～8月下旬；大波斯菊10月上旬～11月上旬 ● 停車場／有 ● 交通方式／從能古島輪渡站搭巴士，於海島公園下車 ● MAP／9

宮城

藥來花園

やくらいガーデン

宮城縣加美郡加美町字味袋藥來原1-9 ● 主要花卉往年花期／油菜花5月下旬～6月上旬；向日葵8月中旬；青葙9月上旬～10月下旬；秋海棠9月上旬～10月下旬● 停車場／有 ● MAP／10

photo by @ koki.s0617

4月	大分	花與藝術海岬　長崎鼻	油菜花	3月中旬～4月中旬	P39
	埼玉	幸手權現堂櫻堤	櫻花	3月下旬～4月上旬	P37
	宮崎	西都原古墳群	櫻花	3月下旬～4月上旬	P37
	高知	上久喜花桃	花桃	3月下旬～4月上旬	P42
	埼玉	大內澤花桃之鄉	花桃	3月下旬～4月上旬	P43
	京都	原谷苑	櫻花	3月下旬～4月中旬	P34
	山口	火之山公園	粉蝶花	3月下旬～4月中旬	P48
	愛知	上中的垂枝桃	花桃	4月上旬	P43
	岐阜	木根垂枝桃園	花桃	4月上旬	P43
	福島	花見山公園	櫻花	4月上旬～4月中旬	P35
	富山	春之四重奏	櫻花	4月上旬～4月中旬	P36
	群馬	岩井親水公園	櫻花	4月上旬～4月中旬	P36
	靜岡	濱名湖花園公園	粉蝶花	4月上旬～4月中旬	P49
	大阪	堺·綠色博物館收穫之丘	鬱金香	4月上旬～4月中旬	P54
	宮崎	椎八重公園	杜鵑花	4月上旬～4月中旬	P60
	新潟	福島潟湖	油菜花	4月上旬～4月下旬	P38
	富山	入善Flower Road	鬱金香	4月上旬～4月下旬	P52
	奈良	縣營馬見丘陵公園	鬱金香	4月上旬～4月下旬	P53
	靜岡	小室山公園	杜鵑花	4月上旬～4月下旬	P60
	大分	RURU公園（大分農業文化公園）	粉蝶花	4月上旬～5月上旬	P49
	長崎	西海國立　長串山公園	杜鵑花	4月上旬～5月上旬	P58
	奈良	高見之鄉	櫻花	4月中旬	P32
	島根	伯太鬱金香祭	鬱金香	4月中旬	P53
	福島	日中線記念自行車步行者道　枝垂櫻林蔭大道	櫻花	4月中旬～4月下旬	P33
	福岡	中山大藤	藤花	4月中旬～4月下旬	P46
	兵庫	但東花公園	鬱金香	4月中旬～4月下旬	P54
	滋賀	滋賀農業公園BLUMEN之丘	鬱金香	4月中旬～4月末	P54
	長野	花桃之里	花桃	4月中旬～5月上旬	P42
	大阪	大阪舞洲海濱公園	粉蝶花	4月中旬～5月上旬	P49
	富山	礪波鬱金香博覽會	鬱金香	4月中旬～5月上旬	P53
	埼玉	羊山公園	芝櫻	4月中旬～5月上旬	P57
	島根	由志園	牡丹	4月中旬～5月上旬	P61
	栃木	足利花卉公園	藤花	4月中旬～5月中旬	P45
	廣島	Flower village花夢之里	粉蝶花	4月中旬～5月中旬	P49
	茨城	筑波牡丹園	芍藥	4月中旬～5月下旬	P61
	長野	千曲川堤防櫻堤	櫻花	4月下旬～5月上旬	P34
	秋田	櫻花與油菜花之路	櫻花	4月下旬～5月上旬	P37
	愛知	天王川公園	藤花	4月下旬～5月上旬	P44
	福岡	河內藤園	藤花	4月下旬～5月上旬	P46
	和歌山	紀州吉田藤	藤花	4月下旬～5月上旬	P47
	大分	千財農園	藤花	4月下旬～5月上旬	P47
	岡山	和氣町藤公園	藤花	4月下旬～5月上旬	P47
	長野	油菜花公園	油菜花	4月下旬～5月中旬	P39
	新潟	山本山澤山小公園	油菜花	4月下旬～5月中旬	P40
	兵庫	白井大町藤公園	藤花	4月下旬～5月中旬	P47
	岩手	雪谷川水壩森林公園·輕米	鬱金香	4月下旬～5月中旬	P53
	山梨	富士芝櫻祭	芝櫻	4月下旬～5月中旬	P56
	福井	西山公園	杜鵑花	4月下旬～5月中旬	P60
5月	神奈川	橫濱英國花園	玫瑰	4月下旬～5月下旬	P64
	北海道	優駿櫻花之路	櫻花	5月上旬	P35
	岐阜	蛭野高原　牧歌之里	鬱金香	5月上旬～5月中旬	P55
	奈良	葛城高原	杜鵑花	5月上旬～5月中旬	P59
	福島	三之倉高原花田	油菜花	5月上旬～5月下旬	P40
	石川	大乘寺丘陵公園	杜鵑花	5月上旬～5月下旬	P60
	長崎	豪斯登堡	玫瑰	5月上旬～5月下旬	P65
	岡山	道之驛　笠岡灣農場	罌粟花	5月上旬～5月下旬	P66
	埼玉	鴻巢花祭	罌粟花	5月上旬～5月下旬	P67

	北海道	東藻琴芝櫻公園	芝櫻	5月上旬～6月上旬	P57
	北海道	芝櫻瀧上公園	芝櫻	5月上旬～6月上旬	P57
	千葉	京成玫瑰園	玫瑰	5月上中旬～6月上中旬	P65
	鹿兒島	鹿屋玫瑰園	玫瑰	5月上旬～6月中旬	P63
	北海道	瀧川油菜花祭	油菜花	5月中旬～5月下旬	P41
	青森	橫濱町油菜花田	油菜花	5月中旬～5月下旬	P41
	北海道	上湧別鬱金香公園	鬱金香	5月中旬～5月下旬	P54
	宮城	德仙丈山	杜鵑花	5月中旬～5月下旬	P59
	愛知	茶臼山高原	芝櫻	5月中旬～6月上旬	P57
	岐阜	岐阜世界玫瑰花園	玫瑰	5月中旬～6月上旬	P62
	靜岡	河津Bagatelle公園	玫瑰	5月中旬～6月上旬	P63
	岡山	RSK玫瑰園	玫瑰	5月中旬～6月上旬	P63
	埼玉	彩之國交流牧場　天空的罌粟花	罌粟花	5月中旬～6月上旬	P66
	長野	九十九谷森林公園	九輪草	5月中旬～6月上旬	P68
	兵庫	荒牧玫瑰公園	玫瑰	5月中旬～6月中旬	P62
	埼玉	長瀞花菱草園	罌粟花	5月中旬～6月中旬	P67
	沖縄	饒平名紫陽花園	紫陽花	5月中旬～6月下旬	P77
6月	兵庫	薰衣草公園多可	薰衣草	5月中旬～7月中旬	P85
	長崎	大村公園	花菖蒲	5月下旬～6月上旬	P78
	佐賀	大和中央公園花菖蒲園	花菖蒲	5月下旬～6月上旬	P79
	岐阜	花之森四十八瀧山野草花園	九輪草	5月下旬～6月中旬	P69
	愛知	賀茂菖蒲園	花菖蒲	5月下旬～6月中旬	P79
	青森	手作村　鯉艸鄉	魯冰花	5月下旬～6月下旬	P69
	山形	東澤玫瑰公園	玫瑰	6月上旬	P62
	大阪	山田池公園	花菖蒲	6月上旬～6月中旬	P80
	靜岡	下田公園	紫陽花	6月上旬～6月下旬	P72
	愛知	形原溫泉紫陽花之鄉	紫陽花	6月上旬～6月下旬	P74
	京都	舞鶴自然文化園	紫陽花	6月中旬～6月下旬	P76
	千葉	服部農園紫陽花宅邸	紫陽花	6月中旬～6月下旬	P76
	宮崎	桃源鄉岬	紫陽花	6月上旬～6月下旬	P77
	福井	北潟湖畔花菖蒲園	花菖蒲	6月上旬～6月下旬	P79
	東京	小岩菖蒲園	花菖蒲	6月上旬～6月下旬	P79
	千葉	水鄉佐原菖蒲公園	花菖蒲	6月上旬～6月下旬	P80
	神奈川	橫須賀菖蒲園	花菖蒲	6月上旬～6月下旬	P81
	靜岡	可睡百合園	百合	6月上旬～6月下旬	P95
	福井	百合花之鄉公園 YURIIMU春江	百合	6月上旬～6月下旬	P96
	三重	風早之里	紫陽花	6月上旬～7月上旬	P75
	千葉	佐倉薰衣草園	薰衣草	6月上旬～7月上旬	P84
	兵庫	篠山玉水百合園	百合	6月上旬～7月上旬	P96
	滋賀	草津市立水生植物公園水之森	睡蓮	6月上旬～7月下旬	P83
	愛媛	紫陽花之里	紫陽花	6月中旬～6月下旬	P77
	宮城	多賀城遺址菖蒲園	花菖蒲	6月中旬～6月下旬	P81
	秋田	美鄉町薰衣草園	薰衣草	6月中旬～7月上旬	P85
	德島	大川原高原	紫陽花	6月下旬～7月上旬	P77
	埼玉	美之山公園	紫陽花	6月下旬～7月上旬	P73
	山形	飯豐DONDEN平百合園	百合	6月下旬～7月上旬	P94
	新潟	月岡公園	百合	6月下旬～7月上旬	P97
7月	岩手	陸奧紫陽花園	紫陽花	6月下旬～7月下旬	P73
	長野	霧峰高原	北萱草	7月上旬～7月下旬	P101
	香川	中山向日葵團地	向日葵	7月上旬～7月中旬	P90
	兵庫	YAMASA魚板「蓮花苑」	蓮花	7月上旬～7月下旬	P82
	福井	蓮花公園	蓮花	7月上旬～7月下旬	P82
	埼玉	深谷Green Park Patio	百合	7月上旬～7月下旬	P97
	千葉	母親牧場	碧冬茄	7月上旬～9月下旬	P99
	兵庫	向日葵之丘公園	向日葵	7月中旬～7月下旬	P90
	福岡	柳川向日葵園	向日葵	7月中旬～7月下旬	P93
	兵庫	佐用町南光向日葵祭	向日葵	7月中旬～8月上旬	P90

	埼玉	大宮花之丘農林公苑	一串紅	7月中旬～8月上旬	P100
	群馬	玉原薰衣草公園	薰衣草	7月中旬～8月中旬	P85
	北海道	百合之鄉小清水百合公園	百合	7月中旬～8月下旬	P95
	北海道	富田農場	薰衣草等	7月～8月	P150
	北海道	亞斗夢之丘	薰衣草等	7月～8月	P152
	北海道	菅野農場	薰衣草等	7月～8月	P152
	北海道	Flower Land上富良野	薰衣草等	7月～8月	P153
	北海道	四季彩之丘	薰衣草等	7月～8月	P154
	北海道	日出公園薰衣草花田	薰衣草等	7月～8月	P156
	北海道	ORUTE HILL	薰衣草等	7月～8月	P157
	北海道	金山湖森林公園	薰衣草等	7月～8月	P157
8月	高知	北川村「莫內庭園」馬摩丹	睡蓮	5月上旬～9月上旬	P83
	山梨	北杜市明野太陽花節	向日葵	7月中旬～8月中旬	P92
	北海道	幌加內蕎麥田	蕎麥花	7月中旬～8月中旬	P109
	山梨	山中湖花之都公園	百日草	7月中旬～10月上旬	P101
	北海道	名寄市向日葵田	向日葵	7月下旬～8月中旬	P91
	北海道	福祿考公園	福祿考	7月下旬～9月上旬	P98
	福島	安達之原故鄉村	馬齒莧	7月下旬～10月上旬	P98
	北海道	北龍町向日葵之里	向日葵	8月上旬	P89
	宮城	山元向日葵祭	向日葵	8月上旬～8月中旬	P92
	宮城	伊豆沼、內沼	蓮花	8月上旬～8月下旬	P82
	福島	東和百日紅園	百日紅	8月上旬～9月下旬	P98
	神奈川	座間市向日葵田	向日葵	8月中旬	P90
	岩手	煙山向日葵公園	向日葵	8月中旬	P92
	福島	郡山布引風之高原	向日葵	8月中旬～9月上旬	P89
	茨城	明野向日葵嘉年華	向日葵	8月下旬～9月上旬	P88
	長野	戶隱展望苑	蕎麥花	8月下旬～9月上旬	P109
9月	北海道	太陽之丘遠輕公園	黃波斯菊	8月下旬～9月下旬	P111
	北海道	大曲湖畔園地	向日葵	9月上旬～9月下旬	P91
	愛知	稗田川	彼岸花	9月上旬～9月下旬	P104
	富山	IOX-AROSA	黃波斯菊	9月上旬～9月下旬	P110
	山形	面白山高原波斯菊伯格	黃波斯菊	9月上旬～9月下旬	P110
	埼玉	兩神山麓花之鄉大理花園	大理花	9月上旬～10月下旬	P117
	鹿兒島	伊佐市大口大田彼岸花	彼岸花	9月中旬～9月下旬	P105
	愛媛	窪野町彼岸花群生地	彼岸花	9月中旬～9月下旬	P106
	長崎	社之丘花園	彼岸花	9月中旬～9月下旬	P107
	熊本	波野蕎麥花公園	蕎麥花	9月中旬～9月下旬	P109
	岐阜	津屋川堤防	彼岸花	9月中旬～10月上旬	P105
	埼玉	巾著田	彼岸花	9月中旬～10月上旬	P107
	愛知	矢勝川	彼岸花	9月中旬～10月上旬	P107
	秋田	秋田國際大理花園	大理花	9月中旬～10月中旬	P116
	山形	山形川西大理花園	大理花	9月中旬～10月中旬	P116
	長野	紅蕎麥之鄉	蕎麥花	9月下旬～10月上旬	P108
	福島	紅寶石之丘	蕎麥花	9月下旬～10月中旬	P108
10月	北海道	由仁花園	掃帚草	8月中旬～10月下旬	P118
	北海道	百合之原公園	大理花	9月上旬～10月中旬	P117
	滋賀	琵琶湖箱館山	掃帚草	9月上旬～11月中旬	P118
	兵庫	清住大波斯菊園	大波斯菊	9月下旬～10月中旬	P114
	東京	町田大理花園	大理花	9月下旬～10月下旬	P117
	富山	礪波夢之平秋櫻觀賞	大波斯菊	10月上旬～10月中旬	P113
	福井	宮之下大波斯菊廣苑	大波斯菊	10月上旬～10月中旬	P114
	宮崎	生駒高原	黃波斯菊	10月上旬～10月下旬	P111
	廣島	花之驛世羅	大波斯菊	10月上旬～10月下旬	P112
	奈良	藤原宮遺址	大波斯菊	10月上旬～10月下旬	P113
	長崎	島原火張山花公園	大波斯菊	10月上旬～11月中旬	P114
	埼玉	鴻巢市大波斯菊節	大波斯菊	10月中旬～10月下旬	P114
	大分	三光大波斯菊園	大波斯菊	10月中旬～10月下旬	P115

	長崎	自然干陸地大波斯菊花海	大波斯菊	10月中旬～10月下旬	P115
11月	群馬	櫻山公園	四季櫻／十月櫻	11月中旬～12月上旬	P119
	愛知	小原四季櫻祭	四季櫻／十月櫻	11月中旬～12月上旬	P119
12月	福井	越前水仙　梨子平台地	水仙花	12月下旬～1月下旬	P122
	靜岡	爪木崎公園	水仙花	12月下旬～1月下旬	P123
1月	長崎	野母崎水仙祭	水仙花	1月上旬～1月下旬	P124
	東京	府中市鄉土之森博物館	蠟梅	1月上旬～1月下旬	P126
	群馬	蠟梅之鄉	蠟梅	1月中旬～2月上旬	P125
	沖繩	八重岳	山櫻花	1月中旬～2月上旬	P136
	兵庫	灘黑岩水仙鄉	水仙花	1月中旬～2月中旬	P123
2月	神奈川	松田町寄蠟梅園	蠟梅	1月中旬～2月下旬	P126
	埼玉	寶登山蠟梅園	蠟梅	1月下旬～2月下旬	P125
	和歌山	南部梅林	梅花	2月上旬～2月下旬	P129
	神奈川	曾我梅林	梅花	2月上旬～2月下旬	P129
	靜岡	河津櫻路樹	河津櫻	2月上旬～2月下旬	P134
	靜岡	南方的櫻花與油菜花祭	河津櫻	2月上旬～3月上旬	P134
	愛知	伊良湖油菜花園	油菜花	2月上旬～3月下旬	P39
	京都	城南宮	梅花	2月中旬～3月上旬	P133
	三重	笠松河津櫻之路	河津櫻	2月中旬～3月上旬	P135
	神奈川	西平畑公園	河津櫻	2月中旬～3月上旬	P135
	靜岡	東大山河津櫻祭	河津櫻	2月中旬～3月上旬	P135
	兵庫	綾部山梅林	梅花	2月下旬～3月上旬	P128
	奈良	賀名生梅林	梅花	2月下旬～3月上旬	P131
	靜岡	大草山昇龍垂枝梅園	梅花	2月下旬～3月上旬	P132
	三重	鈴鹿之森庭園	梅花	2月下旬～3月上旬	P132
3月	山口	笠山椿群生林	山茶花	2月中旬～3月下旬	P127
	東京	伊豆大島椿花花園	山茶花	2月中旬～4月上旬	P127
	高知	入田柳林	油菜花	2月下旬～3月中旬	P39
	群馬	箕鄉梅林	梅花	3月上旬～3月下旬	P129
	三重	員辨市農業公園	梅花	3月上旬～3月下旬	P130
	埼玉	北淺羽櫻堤公園	寒櫻	3月中旬～3月下旬	P136
全年	東京	國營昭和記念公園	四季花卉	全年	P138
	北海道	國營瀧野鈴蘭丘陵公園	四季花卉	全年	P140
	兵庫	淡路島國營明石海峽公園	四季花卉	全年	P141
	新潟	國營越後丘陵公園	四季花卉	全年	P141
	香川	國營讚岐滿濃公園	四季花卉	全年	P142
	茨城	國營常陸海濱公園	四季花卉	全年	P143
	埼玉	國營武藏丘陵森林公園	四季花卉	全年	P144
	宮城	國營陸奧之杜湖畔公園	四季花卉	全年	P146
	長野	國營阿爾卑斯安曇野公園	四季花卉	全年	P146
	廣島	國營備北丘陵公園	四季花卉	全年	P147
	愛知	國營木曾三川公園138塔公園	四季花卉	全年	P148
	福岡	國營海之中道海濱公園	四季花卉	全年	P149
	兵庫	淡路花棧敷	四季花卉	全年	P158
	千葉	東京德國村	四季花卉	全年	P160
	栃木	那須花卉世界	四季花卉	全年	P161
	三重	名花之里	四季花卉	全年	P162
	靜岡	濱松花卉公園	四季花卉	全年	P162
	鳥取	鳥取花迴廊	四季花卉	全年	P164
	大分	久住花公園	四季花卉	全年	P165
	廣島	世羅高原農場	四季花卉	全年	P166
	福岡	能古島海島公園	四季花卉	全年	P167
	宮城	藥來花園	四季花卉	全年	P168

為有花的風景
點一個讚

日本四季賞花指南

攝影愛好者精選的224個花卉絕景祕境

四季の花々を訪ねていきたい にっぽんの花地図

作者 hanamap（はなまっぷ）
譯者 王綺
責任編輯 張芝瑜
美術設計 郭家振
行銷企畫 張嘉庭

發行人 何飛鵬
事業群總經理 李淑霞
社長 饒素芬
主編 葉承享
出版 城邦文化事業股份有限公司 麥浩斯出版
地址 115 台北市南港區昆陽街 16 號 7 樓
電話 02-2500-7578
傳真 02-2500-1915
購書專線 0800-020-299

發行 英屬蓋曼群島商家庭傳媒股份有限公司城邦分公司
地址 115 台北市南港區昆陽街 16 號 5 樓
電話 02-2500-0888
讀者服務電話 0800-020-299（9:30AM ～ 12:00PM；01:30PM ～ 05:00PM）
讀者服務傳真 02-2517-0999
讀者服務信箱 csc@cite.com.tw
劃撥帳號 19833516
戶名 英屬蓋曼群島商家庭傳媒股份有限公司城邦分公司

香港發行 城邦（香港）出版集團有限公司
地址 香港九龍九龍城土瓜灣道 86 號順聯工業大廈 6 樓 A 室
電話 852-2508-6231
傳真 852-2578-9337

馬新發行 城邦（馬新）出版集團 Cite（M）Sdn. Bhd.
地址 41, Jalan Radin Anum, Bandar Baru Sri Petaling, 57000 Kuala Lumpur, Malaysia.
電話 603-90578822
傳真 603-90576622

總經銷 聯合發行股份有限公司
電話 02-29178022
傳真 02-29156275

製版印刷 凱林彩印股份有限公司
定價 新台幣 480 元／港幣 160 元
ISBN 9786267401514
2024 年 4 月 1 版 1 刷・Printed In Taiwan

國家圖書館出版品預行編目（CIP）資料

日本四季賞花指南：攝影愛好者精選的224個花卉絕景祕境/hanamap著；王綺譯. -- 初版. -- 臺北市：城邦文化事業股份有限公司麥浩斯出版：英屬蓋曼群島商家庭傳媒股份有限公司城邦分公司發行, 2024.04
面； 公分
譯自：四季の花々を訪ねていきたい にっぽんの花地図
ISBN 978-626-7401-51-4(平裝)

1.CST: 旅遊 2.CST: 賞花 3.CST: 日本

731.9 113003887